PORNOFREIHEIT

Entdecke die Macht, Pornosucht zu überwinden und ein erfülltes Leben zu führen

Alexander Silva

"Befreie dich von der Sucht, umarme deine wahre Kraft und erwache zu einem erfüllten und bedeutungsvollen Leben. Mit Entschlossenheit und Mut schmiede deinen eigenen Weg zur Freiheit und dauerhaften Glückseligkeit."

INHALT

EINFÜHRUNG

Bevor wir diese Reise der Erkundung und Transformation beginnen, ist es wichtig zu beachten, dass dieses Buch, "Pornofreiheit: Entdecke die Macht, Pornosucht zu überwinden und ein erfülltes Leben zu führen", als informativer und unterstützender Leitfaden konzipiert ist, basierend auf Forschung, persönlichen Erfahrungen und erprobten Techniken. Allerdings möchte ich betonen, dass ich kein Therapeut oder Arzt bin. Wenn du mit einer Pornosucht zu kämpfen hast, ist es entscheidend, qualifizierte professionelle Hilfe zu suchen und angemessene Unterstützung zu erhalten.

Der Zweck dieses Buches ist es, dir eine umfassende Perspektive auf Pornosucht zu bieten sowie praktische Werkzeuge und Strategien, um sie zu überwinden und ein erfülltes und grenzenloses Leben aufzubauen. Im Verlauf dieser Seiten werde ich Wissen, Übungen, inspirierende Geschichten und persönliche Reflexionen mit dir teilen, um dich auf deinem Weg zur Freiheit zu begleiten.

Es ist wichtig zu verstehen, dass jeder Mensch einzigartig ist und Pornosucht eine komplexe Herausforderung darstellt. Was für eine Person funktioniert, funktioniert möglicherweise nicht für eine andere, daher ist es wichtig, die Strategien an deine eigene Situation und Bedürfnisse anzupassen. Die Idee ist, dass dieses Buch dir einen wertvollen Satz von Werkzeugen bietet, die du in deinen Genesungsprozess integrieren kannst.

Denke daran, dass der Prozess, eine Sucht zu überwinden, herausfordernd sein kann und Zeit, Geduld und Ausdauer erfordert. Du bist auf diesem Weg nicht allein. Es gibt qualifizierte Fachleute und Ressourcen, die dir die notwendige Unterstützung bieten können. Ich empfehle immer, professionelle Hilfe zu suchen, wenn du das Gefühl hast, dass du einen spezialisierteren und individuelleren Ansatz benötigst, um deine Situation anzugehen.

Mein Ziel mit diesem Buch ist es, dir einen umfassenden und praktischen Leitfaden zu bieten, der dich dazu inspiriert, Maßnahmen zu ergreifen und dich auf deiner Reise zur Befreiung von der Pornosucht begleitet. Während ich keine spezifischen Ergebnisse garantieren kann, kann ich jedoch bestätigen, dass jeder Schritt, den du in Richtung Genesung unternimmst, dich einem erfüllteren, authentischeren und zufriedeneren Leben näher bringt.

Ich lade dich ein, dieses Buch mit einem offenen Geist und einer empfänglichen Einstellung zu lesen, und die Werkzeuge und Strategien zu nutzen, die mit dir resonieren. Gemeinsam werden wir die Kraft der Selbstkenntnis, gesunder Beziehungen, positiver Gewohnheiten, Selbstfürsorge und persönlichen Entfaltung erforschen. Wenn du bereit bist, dich selbst zu verpflichten und die notwendigen Veränderungen vorzunehmen, kann dieses Buch ein Kompass auf deinem Weg zur Pornofreiheit sein.

Denke daran, du hast die Macht, dein Leben zu transformieren. Los geht's!

In diesem Buch werden wir gemeinsam eine Reise der Selbsterkenntnis und Transformation antreten, um dir zu helfen, dich von der Sucht zu befreien, die dein Leben und Wohlbefinden beeinträchtigt hat.

En Teil I werden wir damit beginnen, die Pornosucht gründlich zu verstehen. Wir werden erkunden, was genau diese Sucht ist und wie sie mit unserem persönlichen, emotionalen und sozialen Leben zusammenhängt. Darüber hinaus werden wir die Auswirkungen von Pornografie auf das männliche Gehirn untersuchen, wie sie die Sucht erzeugt und verstärkt und welche langfristigen Auswirkungen sie auf unsere geistige und emotionale Gesundheit hat. Wir werden auch die zugrunde liegenden psychologischen und emotionalen Faktoren untersuchen, die zur Entwicklung dieser Sucht beitragen, und wie sie unsere Abhängigkeit von Pornografie beeinflussen.

In Teil II werden wir uns darauf konzentrieren, den Kreislauf der Sucht zu durchbrechen. Du wirst lernen, deine Sucht zu erkennen und ihr entgegenzutreten, indem du die begleitenden Anzeichen und Symptome identifizierst. Außerdem werde ich dich dabei unterstützen, eine gesunde Denkweise zu entwickeln, dein Selbstwertgefühl zu stärken und begrenzende Überzeugungen und negative Denkmuster zu verändern. Wir werden auch die Bedeutung des Aufbaus gesunder Beziehungen und eines starken Unterstützungssystems während deines Genesungsprozesses behandeln. Durch die Kraft von Gewohnheiten und Disziplin werde ich dir effektive Strategien bieten, um süchtiges Verhalten zu durchbrechen und neue gesunde Gewohnheiten zu entwickeln, die dich zur Freiheit führen.

In Teil III werden wir einen neuen Weg zur Freiheit erkunden. Ich werde dich dabei unterstützen, eine gesunde Sexualität wiederzugewinnen, dich umzuerziehen und eine Sexualität zu erforschen, die auf Intimität und Einvernehmen basiert. Außerdem werde ich dir beibringen, mit Herausforderungen und Rückfällen umzugehen, indem ich dir effektive Strategien zum Umgang mit Versuchungen und zur Aufrechterhaltung der Motivation trotz Hindernissen biete. Du wirst auch die Bedeutung der Selbstfürsorge und des ganzheitlichen Wohlbefindens erkunden, indem du Selbstpflegeroutinen etablierst, die deine körperliche, geistige und emotionale Gesundheit fördern. Schließlich werden wir erforschen, wie du ein bedeutungsvolles Leben jenseits der Pornosucht aufbauen kannst, indem du Authentizität, persönliche Erfüllung und dauerhaftes Glück findest.

Denke daran, dass die Überwindung der Pornosucht Engagement, Hingabe und Mut erfordert. Ich bin hier, um dich auf dieser Reise zu begleiten und dir die notwendigen Werkzeuge zur Verfügung zu stellen, um deinen Geist zu befreien und ein erfülltes Leben ohne die Last dieser Sucht zu leben. Gemeinsam werden wir die notwendigen Schritte unternehmen, um deinen Geist zu befreien und ein erfülltes Leben ohne die Last dieser Sucht zu leben. Während du dich in den Seiten dieses Buches vertiefst, ermutige ich dich, einen offenen Geist, eine feste Entschlossenheit und Hoffnung in deinem Herzen zu bewahren.

Erinnere dich daran, dass du in diesem Prozess nicht allein bist. Viele Menschen haben ähnliche Situationen durchlebt und haben die Stärke gefunden, die Pornosucht zu überwinden. Du kannst es auch schaffen.

Im Laufe dieser Seiten werden wir den Weg der Genesung erkunden und dir Informationen, Strategien und praktische Übungen zur Verfügung stellen, die dir helfen werden, deine Sucht zu verstehen, deine Denk- und Verhaltensmuster herauszufordern und ein erfülltes und zufriedenes Leben aufzubauen.

Ich lade dich dazu ein, dich selbst zu verpflichten und dir zu erlauben, diesen Transformationsprozess anzunehmen. Gemeinsam werden wir die notwendigen Schritte unternehmen, um dich von der Pornosucht zu befreien und inneren Frieden, Authentizität und Wohlbefinden zu finden, wonach du dich so sehr sehnst.

Also, ohne weitere Umschweife, lassen uns diese Reise zur mentalen Freiheit beginnen. Erlaube mir, dich auf dem Weg zu begleiten, deinen Geist zu befreien und die Kontrolle über dein Leben zurückzugewinnen. Ich stehe dir bei jedem Schritt des Weges zur Seite.

Vorwärts, und möge deine Reise zur Überwindung der Pornosucht ein Weg des Wachstums, der Selbststärkung und der Freiheit sein!

Alexander Silva

TEIL I: DAS VERSTÄNDNIS DER PORNOSUCHT

Bevor wir uns in die Details der Pornosucht und ihre Auswirkungen auf unser Leben vertiefen, ist es entscheidend, ein solides Verständnis aufzubauen. In diesem Teil des Buches werden wir uns mit den grundlegenden Aspekten der Pornosucht beschäftigen, angefangen von ihrer Definition bis hin zu ihrer Beziehung zu unserer geistigen und emotionalen Gesundheit.

Es ist von entscheidender Bedeutung zu verstehen, dass die Pornografieabhängigkeit eine komplexe und vielschichtige Realität ist, die Menschen jeden Alters, Geschlechts und Hintergrunds betrifft. Es handelt sich nicht nur um eine Frage des Willens oder des mangelnden Kontrollvermögens, sondern um ein Phänomen, das in den neuronalen Schaltkreisen, den psychologischen und emotionalen Faktoren sowie den sozialen Dynamiken verwurzelt ist.

In diesem Teil werden wir die Grundlagen der Pornosucht erforschen, untersuchen, wie sie unser Gehirn beeinflusst und süchtige Mechanismen auslöst, und die psychologischen und emotionalen Faktoren analysieren, die zur Entwicklung dieser Sucht beitragen können.

Indem wir ein tieferes Verständnis dieser Aspekte erlangen, sind wir besser gerüstet, unserer Sucht aus einer ganzheitlichen und auf Genesung ausgerichteten Perspektive zu begegnen. Mach dich bereit, in die Welt der Pornografieabhängigkeit einzutauchen und zu entdecken, wie wir unseren Geist von ihren Ketten befreien können.

1. WAS IST PORNOSUCHT?

1.1 DEFINITION DER SUCHT

In diesem ersten Abschnitt werden wir uns mit der Definition von Pornosucht auseinandersetzen und ihre charakteristischen Merkmale und grundlegenden Elemente verstehen. Sucht kann als eine chronische Hirnerkrankung verstanden werden, die durch das zwanghafte Streben nach einer Substanz oder Aktivität gekennzeichnet ist, trotz der negativen Konsequenzen, die dies mit sich bringen kann.

Im speziellen Fall von Pornosucht handelt es sich um eine emotionale und psychologische Abhängigkeit vom Konsum pornografischer Inhalte. Menschen, die an dieser Sucht leiden, haben eine zwanghafte Obsession und ein unkontrollierbares Bedürfnis, wiederholt nach Pornografie zu suchen, sie anzuschauen und zu konsumieren. Diese Zwanghaftigkeit geht über eine einfache Vorliebe oder gelegentliches Interesse an sexuellem Inhalt hinaus und kann verheerende Auswirkungen auf verschiedene Lebensbereiche haben.

Pornosucht weist viele Merkmale gemeinsam mit anderen Süchten wie Substanzabhängigkeit oder pathologischem Glücksspiel auf. Einige der Schlüsselelemente, die diese Sucht definieren, sind:

1. **Zwanghaftigkeit**: Personen mit Pornosucht verspüren einen starken Zwang und ein Bedürfnis, pornografisches Material zu konsumieren. Dieser Zwang kann in Zeiten von Stress, Angst, Einsamkeit oder Langeweile auftreten und wird als unkontrollierbarer Drang empfunden.

2. **Kontrollverlust**: Trotz Bemühungen, den Konsum von Pornografie zu stoppen oder einzuschränken, sind süchtige Personen nicht in der Lage, ihre Impulse zu kontrollieren, und setzen ihren zwanghaften Konsum fort. Selbst wenn sie versuchen aufzuhören, empfinden sie ein Gefühl des

Kontrollverlusts über ihre Handlungen.

3. **Toleranz:** Im Laufe der Zeit können Menschen mit Pornosucht eine Toleranz entwickeln, was bedeutet, dass sie immer expliziteres, häufigeres oder vielfältigeres Material benötigen, um das gleiche Maß an Erregung und Befriedigung zu erreichen. Dies kann zu ständiger Suche nach immer extremerem und verstörenderem Material führen.

4. **Negative Konsequenzen:** Pornografieabhängigkeit hat einen signifikanten Einfluss auf das persönliche, emotionale und soziale Leben der Betroffenen. Sie kann sich auf Beziehungen, emotionale Intimität, Selbstwertgefühl, Konzentration, akademische oder berufliche Leistung und die allgemeine geistige und sexuelle Gesundheit auswirken.

Es ist wichtig zu verstehen, dass Pornosucht nicht einfach eine Vorliebe oder übermäßiges sexuelles Interesse ist. Es geht darüber hinaus und beinhaltet ein zwanghaftes und unkontrollierbares Bedürfnis, das die Lebensqualität der Menschen negativ beeinflusst. Es handelt sich um ein Problem, das ernsthaft und mit Mitgefühl angegangen werden muss.

In diesem Buch werden wir ausführlich darauf eingehen, wie sich Pornosucht im Leben der Betroffenen manifestiert, und wir werden wirksame Strategien und Werkzeuge zur Überwindung dieser Sucht bieten. Lassen Sie uns nun mit dem nächsten Abschnitt des Kapitels fortfahren.

1.2 BEZIEHUNG ZWISCHEN SUCHT UND PORNOSUCHT

Die Beziehung zwischen Sucht und Pornosucht ist ein komplexes Thema, das genauer untersucht werden sollte. Durch technologische Fortschritte ist Pornografie in unserer Gesellschaft leicht zugänglich und allgegenwärtig geworden, was zu einem signifikanten Anstieg des Konsums geführt hat. Jedoch entwickelt nicht jeder, der Pornografie konsumiert, eine Sucht. Es ist wichtig zu verstehen, wie Pornografie zu einer Sucht werden kann und wie sie den Geist und Körper derjenigen beeinflusst, die sie zwanghaft konsumieren.

Pornografie selbst ist nicht intrinsisch süchtig machend. Es gibt eine diffuse Grenze, die gesunden Pornografiekonsum von einer Sucht trennt. Sucht entsteht, wenn der Konsum von Pornografie problematisch wird und das tägliche Leben der Person beeinträchtigt, negative Konsequenzen auf persönlicher, emotionaler, sozialer und sexueller Ebene verursacht.

Pornografie kann ähnliche Auswirkungen auf das Gehirn haben wie süchtig machende Drogen. Beim Konsum von Pornografie setzt das Gehirn Dopamin frei, einen Neurotransmitter, der mit Lustempfinden und Belohnung assoziiert wird. Diese Freisetzung von Dopamin erzeugt ein Gefühl von Befriedigung und Genugtuung, das das Verhalten verstärkt und einen Kreislauf der Belohnung schafft.

Im Laufe der Zeit kann das Gehirn gegenüber Dopamin desensibilisiert werden, wodurch der Bedarf an immer mehr Pornografie oder immer extremerem und befriedigenderem Inhalt entsteht, um das gleiche Maß an Erregung und Befriedigung zu erreichen. Dies wird als Reizschwellen-Gesetz bezeichnet und ist ein gemeinsames Merkmal von Sucht. Als Ergebnis können Menschen mit Pornosucht in einem zwanghaften Kreislauf gefangen sein, in dem sie ständig nach immer expliziterem und verstörenderem Material suchen.

Neben den Auswirkungen auf das Gehirn kann Pornografie auch Emotionen, Einstellungen und sexuelle Erwartungen derjenigen beeinflussen, die sie süchtig konsumieren. Sie kann die Wahrnehmung von Sexualität verzerren, unrealistische Erwartungen an sexuelle Beziehungen schaffen und die Fähigkeit zur Aufrechterhaltung gesunder und intimer Beziehungen beeinträchtigen.

Pornosucht kann auch negative Auswirkungen auf das Selbstwertgefühl und das Körperbild haben. Durch ständigen Vergleich mit den unrealistischen und retuschierten Standards der Pornodarsteller können süchtige Personen Unzufriedenheit und Scham über ihren eigenen Körper und ihre sexuelle Leistung erfahren.

Es ist wichtig zu erkennen, dass Pornosucht kein moralisches Urteil über sexuellen Inhalt an sich ist. Jede Person hat ihre eigene Beziehung und Wahrnehmung von Pornografie, und nicht jeder, der Pornografie konsumiert, entwickelt eine Sucht. Es ist jedoch wichtig zu verstehen, wie zwanghafter und unkontrollierter Pornokonsum zu einer Sucht werden kann, die das Leben der Betroffenen negativ beeinflusst.

In den folgenden Kapiteln werden wir detailliert die Auswirkungen von Pornografie auf das männliche Gehirn, die langfristigen Auswirkungen auf die mentale und emotionale Gesundheit sowie die psychologischen und emotionalen Faktoren untersuchen, die zur Entwicklung der Pornosucht beitragen. Das Verständnis dieser Aspekte wird uns helfen, ein umfassenderes Bild der Sucht zu erhalten und die notwendigen Werkzeuge zur Überwindung zu finden.

Es ist wichtig zu betonen, dass dieses Buch nicht dazu gedacht ist, diejenigen zu dämonisieren oder zu verurteilen, die gelegentlich und gesund Pornografie konsumieren. Das Hauptziel besteht darin, Unterstützung und Orientierung für Männer zu bieten, die in einem süchtigen Kreislauf gefangen sind und sich von den negativen Auswirkungen befreien möchten. Pornosucht kann Männer jeden Alters, jeder Kultur und aus allen Lebensbereichen betreffen, und es ist entscheidend, sie mit Empathie und Verständnis anzugehen.

In den kommenden Seiten werden wir die verschiedenen Aspekte der Pornosucht erkunden, von der Definition bis zu den Auswirkungen auf das persönliche, emotionale und soziale Leben. Wir werden uns damit befassen, wie der Konsum von Pornografie das männliche Gehirn beeinflusst und eine Suchtreaktion auslöst. Wir werden die psychologischen und emotionalen Faktoren analysieren, die zur Entwicklung der Sucht beitragen, und effektive Strategien zur Durchbrechung des Suchtkreislaufs und zur Wiedererlangung der Kontrolle über das eigene Leben bieten.

Ich hoffe, dass dieses Buch ein nützlicher und motivierender Leitfaden auf deinem Weg zur Befreiung von Pornosucht sein wird. Denke daran, dass die Genesung ein persönlicher und einzigartiger Prozess ist, aber du bist nicht allein auf diesem Weg. Gemeinsam werden wir die Werkzeuge und Ressourcen erkunden, die für den Aufbau eines erfüllten, gesunden und suchtfreien Lebens notwendig sind.

1.3 AUSWIRKUNGEN AUF DAS PERSÖNLICHE, EMOTIONALE UND SOZIALE LEBEN

Die Pornosucht kann erhebliche Auswirkungen auf das persönliche, emotionale und soziale Leben der Betroffenen haben. Je tiefer die Sucht verwurzelt ist, desto schwieriger wird es für Männer, ein ausgewogenes und erfülltes Leben zu führen. Schauen wir uns im Detail an, wie sich diese Sucht auf verschiedene Aspekte des Lebens auswirken kann.

Zunächst kann die Pornosucht Probleme in persönlichen Beziehungen verursachen. Der zwanghafte und unkontrollierte Konsum von Pornografie kann dazu führen, dass das Interesse an intimen und emotionalen Beziehungen zum Partner verloren geht. Die süchtige Person beginnt möglicherweise, sexuelle Befriedigung ausschließlich durch Pornografie zu suchen, was zu emotionaler Distanzierung und einem Mangel an intimer Verbindung in der Partnerschaft führen kann. Dies kann zu Konflikten, fehlendem Vertrauen und einer Beeinträchtigung der Kommunikation führen.

Darüber hinaus kann die Pornosucht das sexuelle Leben im Allgemeinen beeinträchtigen. Sie kann sexuelle Funktionsstörungen wie einen Rückgang des sexuellen Verlangens, Schwierigkeiten bei der Aufrechterhaltung einer Erektion oder Schwierigkeiten beim Erreichen eines Orgasmus mit einem realen Partner verursachen. Dies kann sowohl für die süchtige Person als auch für ihren Partner Frustration hervorrufen und sich negativ auf die allgemeine sexuelle Zufriedenheit auswirken.

Auf emotionaler Ebene kann die Pornosucht Gefühle von Schuld, Scham und geringem Selbstwertgefühl hervorrufen. Die süchtige Person kann ständig ein Gefühl der Unzufriedenheit mit sich selbst verspüren, aufgrund des ständigen Vergleichs mit den unrealistischen Körpern und Handlungen von Pornodarstellern. Dies kann zu einer verzerrten Vorstellung von der eigenen Sexualität und einem Gefühl der Unzufriedenheit in sexueller und emotionaler Hinsicht führen.

Im sozialen Leben kann die Pornosucht zu Isolation und Schwierigkeiten in Beziehungen zu Freunden und Familie führen. Die süchtige Person kann stundenlang heimlich Pornografie konsumieren und dabei soziale und Freizeitaktivitäten vernachlässigen. Dies kann zu einer Abnahme der Qualität sozialer Beziehungen und einem Gefühl der Entfremdung von anderen führen.

Ein konkretes Beispiel könnte der Fall von Max sein, einem 35-jährigen Mann, der eine Pornosucht entwickelt hat. Max hatte ein aktives soziales Leben und eine stabile Beziehung zu seinem Partner. Seine Sucht führte jedoch dazu, dass er stundenlang vor dem Bildschirm verbrachte und Pornomaterial konsumierte, wodurch er seine Verantwortlichkeiten vernachlässigte und die sozialen Aktivitäten aufgab, die er früher genossen hatte. Dies führte zu Spannungen in seiner Partnerschaft, da sein mangelndes Interesse und seine emotionale Distanzierung die Intimität und Kommunikation beeinträchtigten. Max begann auch ein wachsendes Gefühl von Schuld und Scham zu empfinden, was zu sozialer und emotionaler Isolation beitrug.

Wie wir in diesem Beispiel sehen können, kann die Pornosucht einen tiefgreifenden Einfluss auf das persönliche, emotionale und soziale Leben der Betroffenen haben. Es ist entscheidend, diese Sucht proaktiv anzugehen und Unterstützung zu suchen, um den Erholungsprozess einzuleiten.

In den kommenden Kapiteln werden wir effektive Strategien erkunden, um den süchtigen Kreislauf zu durchbrechen und ein Gleichgewicht im persönlichen, emotionalen und sozialen Leben wiederherzustellen. Durch Selbstreflexion, Entwicklung neuer Fähigkeiten und die Suche nach Unterstützung ist es möglich, die Pornosucht zu überwinden und ein erfülltes und zufriedenes

Leben wieder aufzubauen.

Es ist wichtig zu beachten, dass jeder Mensch einzigartig ist und der Genesungsprozess in Dauer und Ansatzweise für jede Person unterschiedlich sein kann. Es gibt keine schnelle oder magische Lösung, aber mit Entschlossenheit, Engagement und den richtigen Werkzeugen können bedeutende positive Veränderungen erreicht werden.

In den folgenden Kapiteln werden wir verschiedene Strategien und Ansätze zur Überwindung der Pornosucht erkunden. Vom Erkennen und Akzeptieren des Problems bis zur Entwicklung einer gesunden Denkweise, dem Aufbau solider Beziehungen und umfassender Selbstfürsorge werden wir jeden Schlüsselaspekt der Genesung behandeln.

Wir werden auch die Bedeutung der sexuellen Neuausrichtung, den Umgang mit Herausforderungen und Rückfällen sowie die Förderung eines erfüllten Lebens jenseits der Sucht untersuchen. Ich hoffe, dass dieses Buch eine Quelle der Inspiration und Anleitung auf deinem Weg zur Befreiung von der Pornosucht sein wird. Denke daran, dass du in diesem Kampf nicht allein bist und dass es Ressourcen und Gemeinschaften gibt, die bereit sind, Unterstützung zu bieten. Mit Entschlossenheit, Engagement und den richtigen Werkzeugen kannst du ein Leben frei von Sucht erreichen und eine größere persönliche und emotionale Zufriedenheit erleben.

Während wir in den nächsten Kapiteln voranschreiten, ermutige ich dich, aktiv an den vorgeschlagenen Übungen teilzunehmen, über deine eigenen Erfahrungen nachzudenken und bei Bedarf Unterstützung zu suchen. Die Genesung ist eine herausfordernde Reise, aber sie ist auch ein Prozess des Wachstums und der persönlichen Transformation. Gemeinsam können wir unseren Geist befreien und ein erfülltes Leben ohne Sucht aufbauen.

Lass uns jetzt mit Kapitel 2 weitermachen: "Die Auswirkungen von Pornografie auf das männliche Gehirn", wo wir eingehend untersuchen werden, wie der Konsum von Pornografie unser

Gehirn beeinflusst und zur Entwicklung der Sucht beiträgt.

2. DER EINFLUSS VON PORNOGRAFIE AUF DAS MÄNNLICHE GEHIRN

2.1 NEUROLOGISCHE AUSWIRKUNGEN DER PORNOGRAFIE-EXPOSITION

Die langanhaltende und wiederholte Exposition gegenüber Pornografie kann dramatische Auswirkungen auf das männliche Gehirn haben. Wenn eine Person Pornografie konsumiert, löst dies eine Kaskade chemischer und neurologischer Reaktionen aus, die zu bedeutenden Veränderungen in der Gehirnfunktion führen können.

Das Gehirn ist ein unglaublich anpassungsfähiges und veränderliches Organ, das in der Lage ist, sich in Reaktion auf verschiedene Reize und Erfahrungen neu zu konfigurieren. Pornografie mit ihrem explizit sexuellen und hoch stimulierenden Inhalt hat eine starke Auswirkung auf die Gehirnschaltkreise, die mit Lustempfinden und Belohnung zusammenhängen.

Wenn eine Person wiederholt Pornografie ausgesetzt ist, wird das Belohnungssystem des Gehirns aktiviert und Neurotransmitter wie Dopamin freigesetzt, die mit dem Gefühl von Vergnügen und Wohlbefinden verbunden sind. Diese künstliche und übermäßige Erhöhung von Dopamin erzeugt eine Art "Überlastung" im Gehirn, bei der eine zunehmende Stimulation erforderlich ist, um das gleiche Gefühl der Befriedigung zu erreichen.

Mit zunehmender Pornosucht werden die Auswirkungen auf das Gehirn deutlicher. Die Gehirnschaltkreise, die während der sexuellen Erregung aktiviert werden, werden gestärkt, während die Schaltkreise, die mit Entscheidungsfindung, Willenskraft und Selbstkontrolle zusammenhängen, geschwächt werden können.

Dieses Ungleichgewicht in der Gehirnfunktion kann schwerwiegende Auswirkungen im täglichen Leben haben. Süchtige Personen können eine Abnahme der Motivation und der Konzentrationsfähigkeit erleben, da ihr Gehirn ständig nach der sofortigen Befriedigung sucht, die Pornografie bietet. Darüber hinaus können sie Schwierigkeiten haben, Impulse zu kontrollieren und Versuchungen zu widerstehen, was zu einer Spirale von Suchtverhalten führen kann.

Es ist wichtig, über die dramatischen Auswirkungen nachzudenken, die die Exposition gegenüber Pornografie auf unser Gehirn haben kann. Diese Reflexion führt uns dazu, uns zu fragen, ob wir bereit sind zuzulassen, dass eine Sucht die Kontrolle über unser Leben übernimmt und uns von dem entfernt, was wir wirklich schätzen und wollen.

Denke daran, dass das Gehirn eine unglaubliche Fähigkeit zur Veränderung und Erholung hat. Indem wir uns der negativen Auswirkungen der Pornosucht auf unser Gehirn bewusst werden, können wir uns motivieren, positive Veränderungen anzustreben und den Weg zur Befreiung einzuschlagen.

Im nächsten Abschnitt werden wir untersuchen, wie die Sucht durch neurologische Mechanismen entsteht und verstärkt wird, und wie wir diese Auswirkungen bekämpfen können, um das Gleichgewicht im Gehirn und in den Emotionen wiederherzustellen.

2.2 ENTSTEHUNG UND VERSTÄRKUNG DER SUCHT IM GEHIRN

Die Pornografiesucht ist nicht einfach eine Frage des Willens oder der Kontrolle. Tatsächlich ist sie in den neurologischen Mechanismen des Gehirns verwurzelt und in der Art und Weise, wie es auf ständige Exposition gegenüber pornografischen Reizen reagiert.

Wenn eine Person wiederholt Pornografie ausgesetzt ist, tritt ein Phänomen auf, das als "Toleranz" bekannt ist. Das bedeutet, dass das Gehirn sich an die Stimulationsebenen gewöhnt, die durch Pornografie geboten werden, und immer intensivere sexuelle Reize benötigt, um dieselbe Erregungsreaktion zu erleben.

Toleranz ist das Ergebnis der Gehirnplastizität, der Fähigkeit des Gehirns, sich anzupassen und zu verändern, basierend auf wiederholten Erfahrungen. Wenn wir uns an bestimmte Reize gewöhnen, sucht das Gehirn nach größerer Befriedigung und Erregung, um dasselbe Maß an Zufriedenheit zu erreichen.

Neben der Toleranz beinhaltet die Pornografiesucht auch die Verstärkung der im Gehirn mit sexueller Erregung verbundenen neuronalen Schaltkreise. Jedes Mal, wenn eine Person Pornografie konsumiert und Freude empfindet, werden die neuronalen Verbindungen, die während dieses Moments aktiviert wurden, gestärkt. Diese Verbindungen werden stärker und effizienter und erleichtern die Wiederholung des suchterzeugenden Verhaltens.

Die Verstärkung der im Gehirn mit Pornosucht verbundenen neuronalen Schaltkreise führt zu einem Teufelskreis. Je stärker das suchtverstärkende Verhalten wird, desto schwieriger wird es, ihm zu widerstehen. Dies kann zu einem Abwärtsspirale führen, bei der die Person in einem wiederholenden Zyklus aus Pornografiekonsum, gefolgt von Schuldgefühlen und Schamgefühlen gefangen ist, was die Sucht weiter verstärkt.

Es ist wichtig zu verstehen, dass dieser Prozess nicht über Nacht stattfindet. Die Pornografiesucht entwickelt sich im Laufe der Zeit allmählich, wenn sich die Konsummuster wiederholen und die neuronalen Schaltkreise gestärkt werden. Es ist jedoch auch möglich, diesen Prozess umzukehren und die suchtbedingten Verbindungen im Gehirn zu lösen.

In den nächsten Kapiteln werden wir effektive Strategien erkunden, um den Suchtzyklus zu durchbrechen und das Gehirn in Richtung Gesundheit und Gleichgewicht umzuprogrammieren. Mit Bewusstsein, Bildung und dem Engagement, positive Veränderungen umzusetzen, können wir uns von der Pornosucht befreien und die Kontrolle über unser Leben und unser Wohlbefinden zurückgewinnen.

2.3 LANGZEITLICHE AUSWIRKUNGEN AUF DIE PSYCHISCHE UND EMOTIONALE GESUNDHEIT

Die Pornografiesucht beeinflusst nicht nur das Gehirn, sondern hat auch eine bedeutende Auswirkung auf die psychische und emotionale Gesundheit der betroffenen Personen. Mit zunehmender Verwurzelung und Vertiefung der Sucht können die Konsequenzen verschiedene Aspekte des persönlichen und sozialen Lebens betreffen.

Zunächst einmal kann die Pornosucht Gefühle von Schuld, Scham und geringem Selbstwertgefühl auslösen. Suchtkranke Menschen können Reue für ihr Verhalten empfinden und sich in einem Zyklus der Selbstabwertung gefangen fühlen. Pornografie wird anstatt eine Quelle von Freude und Befriedigung zu sein, zu einer emotionalen Belastung, die ihr Selbstkonzept und ihr Selbstbild negativ beeinflusst.

Zusätzlich kann die Pornografiesucht das emotionale Leben der Personen beeinflussen. Sie können Schwierigkeiten haben, intime und bedeutungsvolle Beziehungen aufzubauen und aufrechtzuerhalten, da ihr Fokus auf der Suche nach schneller und oberflächlicher sexueller Befriedigung liegt, die durch Pornografie geboten wird. Das Fehlen emotionaler Verbindung und die Unfähigkeit, gesunde Beziehungen aufzubauen, können Gefühle von Einsamkeit, Isolation und Frustration hervorrufen.

Auf persönlicher Ebene kann die Pornosucht Konsequenzen für die akademische und berufliche Leistung sowie für die alltäglichen Verantwortlichkeiten haben. Die Obsession und Abhängigkeit von Pornografie können die Konzentration, Motivation und Produktivität beeinträchtigen und zu einem Rückgang in verschiedenen Lebensbereichen führen.

Im sozialen Bereich kann die Pornografiesucht Auswirkungen auf Beziehungen zu Freunden, Familie und Partnern haben. Das

Fehlen von Transparenz, Misstrauen und Geheimhaltung, die oft mit der Sucht einhergehen, können das Vertrauen untergraben und Spannungen in engen Bindungen erzeugen. Darüber hinaus kann der ständige Vergleich zwischen Realität und pornografischer Fantasie Erwartungen verzerren und Konflikte in intimen Beziehungen hervorrufen.

Ein Beispiel, das diese Auswirkungen widerspiegelt, ist der Fall von Juan, einem jungen Mann, der jahrelang zwanghaft Pornografie konsumiert hat. Während sich die Sucht vertieft hat, hat Juan immer intensivere Schuld- und Schamgefühle erlebt. Er hat begonnen, soziale Aktivitäten zu meiden und das Interesse an bedeutungsvollen Beziehungen zu verlieren, da seine Priorität auf der ständigen Suche nach pornografischem Material liegt.

Darüber hinaus hat Juan eine Verschlechterung seiner akademischen und beruflichen Leistung bemerkt. Er hat Schwierigkeiten, sich zu konzentrieren und Aufgaben zu erledigen, da sein Geist ständig von Gedanken rund um Pornografie besetzt ist. Dies hat zu Konflikten mit seiner Familie und zum Verlust beruflicher Möglichkeiten geführt.

Die Pornosucht hat das Leben von Juan tiefgreifend beeinflusst und seine psychische, emotionale und soziale Gesundheit beeinträchtigt. Es ist jedoch wichtig zu betonen, dass dieses Beispiel kein unausweichliches Schicksal darstellt. Durch Wissen, Bewusstsein und die Umsetzung von Genesungsstrategien ist es möglich, die Sucht zu überwinden und ein erfülltes und gesundes Leben ohne den negativen Einfluss von Pornografie aufzubauen.

Es ist entscheidend zu verstehen, dass die langfristigen Auswirkungen der Pornografiesucht verheerend sein können, aber auch Hoffnung und Möglichkeiten zur Genesung bestehen. Wenn sich Menschen der schädlichen Auswirkungen ihrer Sucht bewusst werden, können sie nach Hilfe suchen und verschiedene therapeutische Ansätze zur Überwindung der Sucht erkunden.

Es ist wichtig zu beachten, dass die Genesung von der Pornosucht kein linearer Prozess ist und Zeit, Anstrengung und kontinuierliche Unterstützung erfordern kann. Dennoch können Menschen auf ihrem Weg zur Genesung eine signifikante Verbesserung ihres mentalen, emotionalen und sozialen Wohlbefindens erfahren.

Nehmen wir das Beispiel von David, einem Mann, der jahrelang gegen die Pornografiesucht gekämpft hat. Lange Zeit war David in einem Zyklus des zwanghaften Konsums von pornografischem Material gefangen, was sich negativ auf sein persönliches, emotionales und soziales Leben auswirkte.

David erlebte Schuldgefühle und Scham nach dem Konsum von Pornografie, was sein Selbstwertgefühl und sein Selbstvertrauen beeinträchtigte. Diese Sucht hielt ihn von intimen und bedeutungsvollen Beziehungen fern, da sein Fokus ständig auf der Suche nach sexueller Befriedigung durch Pornografie lag.

Darüber hinaus beeinträchtigte Davids Sucht seine akademische und berufliche Leistungsfähigkeit, da sein Geist von sexuellen Bildern und Fantasien besessen war, anstatt sich auf seine Verantwortlichkeiten zu konzentrieren. Dies führte zu Stress, Angst und Frustration in seinem täglichen Leben.

Jedoch entschied sich David, Hilfe zu suchen und einen Genesungsprozess zu beginnen. Durch individuelle Therapie, Unterstützungsgruppen und praktische Werkzeuge konnte David die Ursachen seiner Sucht verstehen, seine Emotionen angehen und seine Denk- und Verhaltensmuster verändern.

Im Laufe der Zeit erlebte David eine bedeutende Transformation. Er lernte gesunde Grenzen zu setzen, Beziehungen auf Ehrlichkeit und Vertrauen aufzubauen und eine positive und erfüllende Sexualität zu entwickeln. Sein Selbstwertgefühl und Selbstvertrauen stärkten sich und er konnte sein Leben aufbauen, um sich von der Sucht zu befreien und ihm Glück und langanhaltendes Wohlbefinden näherzubringen.

Dieses Beispiel zeigt, dass trotz der negativen Konsequenzen, die die Pornografiesucht im persönlichen, emotionalen und sozialen Leben haben kann, es möglich ist, sie zu überwinden und ein erfülltes und bedeutungsvolles Leben aufzubauen. Der Weg zur Genesung kann herausfordernd sein, aber mit angemessener Unterstützung und echtem Engagement ist es möglich, sich von den schädlichen Auswirkungen der Sucht zu befreien und ein gesundes und zufriedenstellendes Leben zu führen.

Die Pornosucht kann auch schwerwiegende Auswirkungen auf die zwischenmenschlichen Beziehungen von Männern haben. Viele Männer, die süchtig nach Pornografie sind, können unter erektiler Dysfunktion leiden, was sich signifikant auf ihr Sexual- und Gefühlsleben auswirken kann. Dies kann zu Angst, Depressionen und einem geringeren Selbstwertgefühl führen.

Darüber hinaus kann es zu einer Verschlechterung der Beziehungen zu ihren Partnern kommen, da die Pornografiesucht dazu führen kann, dass Männer das Interesse an echtem Sex verlieren und stattdessen Pornografie bevorzugen. Dies kann zu Gefühlen der Ablehnung und des Mangels an Intimität seitens des Partners führen.

Ein Beispiel dafür ist José, der seit fünf Jahren verheiratet ist und lange mit seiner Pornosucht gekämpft hat. Aufgrund seiner Sucht hat er das Interesse an sexuellen Beziehungen mit seiner Frau verloren und verbringt lieber Zeit damit, Pornografie anzusehen. Dies hat zu einem Mangel an Intimität zwischen Juan und seiner Frau geführt, und sie fühlt sich abgelehnt und nicht wertgeschätzt.

Es ist wichtig zu beachten, dass die Pornografiesucht nicht nur das persönliche und emotionale Leben des Süchtigen beeinflusst, sondern auch die Menschen um sie herum.

Im nächsten Kapitel werden wir die psychologischen und emotionalen Faktoren untersuchen, die zur Entwicklung der Pornosucht beitragen, und wie sie die Abhängigkeit von dieser Form der Unterhaltung beeinflussen können.

3. PSYCHOLOGISCHE UND EMOTIONALE FAKTOREN BEI PORNOSUCHT

3.1 UNTERLIEGENDE FAKTOREN, DIE ZUR ENTWICKLUNG DER SUCHT BEITRAGEN

Pornosucht entsteht nicht aus dem Nichts, sondern wird von einer Kombination unterliegender Faktoren beeinflusst. Diese Faktoren können von Person zu Person unterschiedlich sein, es ist jedoch wichtig, sie zu erkunden, um die Ursachen der Sucht besser zu verstehen und effektiv anzugehen.

Einer der häufigen unterliegenden Faktoren bei Pornosucht ist ein geringes Selbstwertgefühl. Menschen mit geringem Selbstwertgefühl suchen oft nach Bestätigung und sofortiger Befriedigung in Pornografie, um die emotionale Leere zu füllen, die sie empfinden. Pornografie bietet ihnen eine vorübergehende Befriedigung und ein Gefühl von Macht, was den Suchtzyklus verstärkt.

Darüber hinaus können Einsamkeit und soziale Isolation eine wichtige Rolle bei der Entwicklung von Pornosucht spielen. Menschen, die sich einsam fühlen oder keine bedeutenden sozialen Verbindungen haben, können Pornografie als Flucht vor der Realität und als Möglichkeit nutzen, ein Gefühl von Verbindung oder Intimität zu erleben, auch wenn es fiktiv ist.

Stress und Angst können ebenfalls Auslöser für Pornosucht sein. In Zeiten von Stress oder emotionaler Unruhe können manche Menschen Pornografie als Möglichkeit suchen, sich von ihren Problemen abzulenken und vorübergehende Erleichterung zu finden. Diese kurzfristige Flucht kann jedoch schnell zu einer ungesunden und süchtig machenden Bewältigungsstrategie werden.

Es ist wichtig zu beachten, dass diese unterliegenden Faktoren nicht voneinander getrennt sind, sondern oft miteinander interagieren und sich gegenseitig verstärken. Zum Beispiel kann jemand mit geringem Selbstwertgefühl eher dazu neigen, sich einsam zu fühlen und hohe Stressniveaus zu erleben, was seine Anfälligkeit für Pornosucht erhöhen kann.

Indem man die unterliegenden Faktoren versteht, die zur Entwicklung der Sucht beitragen, können Männer beginnen, die Wurzeln ihrer eigenen Sucht zu identifizieren und an der Bewältigung dieser Aspekte ihres Lebens zu arbeiten. In den kommenden Abschnitten werden wir Strategien und praktische Übungen erkunden, um Männern dabei zu helfen, diese unterliegenden Faktoren anzugehen und sich von Pornosucht zu befreien.

Neben dem bereits erwähnten geringen Selbstwertgefühl, der Einsamkeit und dem Stress gibt es weitere psychologische und emotionale Faktoren, die eine bedeutende Rolle bei Pornosucht spielen können. Diese Faktoren können von Person zu Person variieren, aber es ist entscheidend, sie eingehend zu erforschen, um zu verstehen, wie sie die Sucht beeinflussen und wie man sie überwinden kann.

Ein relevanter psychologischer Faktor ist Angst. Angst kann sich als Reaktion auf verschiedene Lebensumstände entwickeln, wie Arbeitsdruck, finanzielle Probleme oder zwischenmenschliche Konflikte. In dem Versuch, Angst zu lindern, können manche Menschen auf Pornografie als Fluchtmöglichkeit und vorübergehende Ablenkung zurückgreifen. Pornografie kann ein Gefühl vorübergehender Erleichterung bieten, aber langfristig kann sie die Angst verschlimmern und den Suchtzyklus verstärken.

Ein weiterer wichtiger psychologischer Faktor ist Trauma. Trauma kann von traumatischen Erfahrungen in der Vergangenheit herrühren, wie sexuellem Missbrauch, Gewalt oder Vernachlässigung. Pornografie kann für Menschen, die Trauma erlebt haben, zu einem Überlebensmechanismus werden, da sie eine Möglichkeit bietet, sich von schmerzhaften Erinnerungen zu distanzieren und die eigene sexuelle Erfahrung zu kontrollieren. Die Verwendung von Pornografie als Bewältigungsmechanismus kann jedoch zu einer erhöhten emotionalen Entfremdung und Schwierigkeiten führen, intime und gesunde Beziehungen aufzubauen.

Darüber hinaus kann auch Depression die Entwicklung und Aufrechterhaltung von Pornosucht beeinflussen. Menschen, die unter Depressionen leiden, können Pornografie als Form der Selbstmedikation suchen, um vorübergehende Erleichterung von Gefühlen der Traurigkeit, Hoffnungslosigkeit und emotionalen Leere zu finden. Die fortgesetzte Nutzung von Pornografie kann jedoch die Depression verschlimmern und Schuldgefühle und Scham verstärken, was einen schwer zu durchbrechenden Suchtzyklus schafft.

Es ist wichtig anzuerkennen, dass diese unterliegenden Faktoren die Pornosucht nicht rechtfertigen oder entschuldigen, sondern uns helfen, die emotionalen und psychologischen Komplexitäten zu verstehen, die damit einhergehen. Indem man diese Faktoren erkennt und angeht, können Männer beginnen zu heilen und effektive Strategien entwickeln, um ihre Sucht zu überwinden. In den folgenden Abschnitten werden wir Techniken, Übungen und therapeutische Ansätze erkunden, um an der Lösung dieser unterliegenden Faktoren zu arbeiten und die Befreiung von Pornosucht zu erreichen.

3.2 GERINGES SELBSTWERTGEFÜHL, EINSAMKEIT, ANGST UND STRESS

Ein geringes Selbstwertgefühl ist ein kritischer Faktor bei der Entwicklung und Aufrechterhaltung von Pornosucht. Personen mit geringem Selbstwertgefühl fühlen sich oft unsicher, unzufrieden mit sich selbst und mangelt es an Vertrauen. Sie suchen im Porno nach einer Möglichkeit, sich zumindest vorübergehend begehrenswert, bewundert und akzeptiert zu fühlen. Die Befriedigung, die sie dabei erhalten, ist jedoch flüchtig und künstlich, was ihr geringes Selbstwertgefühl weiter verstärkt und einen negativen Zyklus schafft.

Auch Einsamkeit kann eine bedeutende Rolle bei der Pornosucht spielen. Menschen, die Gefühle von Einsamkeit, Isolation oder fehlender emotionaler Verbindung erleben, können auf Pornografie als Versuch zurückgreifen, diese emotionale Leere zu füllen. Pornografie bietet ihnen eine Illusion von Gesellschaft und Befriedigung, auch wenn sie oberflächlich und fiktiv ist. Langfristig kann jedoch die Abhängigkeit von Pornografie das Gefühl von Einsamkeit noch verstärken, da es die Bildung von echten und bedeutungsvollen Beziehungen erschwert.

Angst und Stress sind weitere emotionale Faktoren, die zur Pornosucht beitragen können. In Zeiten von Angst oder Stress können Menschen auf Pornografie als Form der Flucht oder Ablenkung zurückgreifen. Die sofortige sexuelle Stimulation, die Pornografie bietet, kann als schneller und einfacher Weg erscheinen, um Spannungen abzubauen und Befriedigung zu finden. Allerdings ist diese Erleichterung nur vorübergehend, und die Abhängigkeit von Pornografie kann die Angst und den Stress langfristig verschlimmern, wodurch ein schädlicher Suchtzyklus entsteht.

Nehmen wir zum Beispiel den Fall von Markus. Markus leidet

aufgrund früherer Erfahrungen mit Ablehnung und negativer Kritik unter geringem Selbstwertgefühl. Um sein mangelndes Selbstvertrauen auszugleichen, sucht er in der Pornografie nach Anerkennung und Bestätigung. Diese Abhängigkeit verstärkt jedoch nur sein geringes Selbstwertgefühl, da er sich ständig mit den unrealistischen und perfektionierten Bildern der Darsteller vergleicht. Darüber hinaus empfindet Markus ein tiefes Gefühl der Einsamkeit, da es ihm nicht gelungen ist, bedeutungsvolle und authentische Beziehungen in seinem Leben aufzubauen. Er greift auf Pornografie zurück, um diese emotionale Leere zumindest vorübergehend zu füllen. Mit zunehmender Zeit, die er mit Pornografie verbringt, fühlt er sich jedoch immer isolierter und entfremdet von anderen. Dieses Gefühl der Einsamkeit veranlasst ihn, mehr Pornografie zu suchen, um Gesellschaft und Befriedigung zu finden und somit den Suchtzyklus aufrechtzuerhalten. Zusätzlich erfährt Markus Angst und Stress in seinem Alltag. In Zeiten von Druck oder Anspannung sucht er in der Pornografie einen Zufluchtsort. Diese Strategie adressiert jedoch nicht die zugrunde liegenden Ursachen seiner Angst und seines Stresses und bietet ihm nur vorübergehende Befriedigung. Langfristig verstärkt die Abhängigkeit von Pornografie nur seine Angst- und Stresslevel, was einen schädlichen Zyklus schafft.

Es ist wichtig anzumerken, dass geringes Selbstwertgefühl, Einsamkeit, Angst und Stress nicht ausschließlich bei Menschen auftreten, die unter Pornosucht leiden. Dies sind gemeinsame Probleme, mit denen viele Menschen in unterschiedlichem Maße zu verschiedenen Zeiten ihres Lebens konfrontiert sind. Im Fall von Pornosucht können diese Faktoren jedoch eine entscheidende Rolle bei der Entstehung und Aufrechterhaltung der Abhängigkeit spielen.

Es ist entscheidend, diese zugrunde liegenden emotionalen und psychologischen Faktoren anzugehen, um die Pornosucht zu überwinden. Im nächsten Kapitel werden wir wirksame Strategien und Techniken erkunden, um das Selbstwertgefühl zu stärken, Einsamkeit zu bewältigen, Angst und Stress zu reduzieren und emotionales Wohlbefinden zu fördern. Darüber hinaus werden praktische Übungen und Werkzeuge bereitgestellt, die Männern helfen, mit diesen Herausforderungen umzugehen und sie zu überwinden, um eine solide Grundlage für ihre Genesung aufzubauen.

Bitte beachte, dass jeder Einzelne einzigartig ist und unterschiedliche Kombinationen von geringem Selbstwertgefühl, Einsamkeit, Angst und Stress erfahren kann. Indem wir verstehen, wie diese Faktoren miteinander verflochten sind und sich auf die Pornosucht auswirken, können wir sie umfassend und effektiv angehen, um eine bedeutsame Genesung zu erreichen.

Lies weiter, um herauszufinden, wie du dich von den Fesseln der Sucht befreien, dein emotionales Wohlbefinden stärken und ein erfülltes Leben frei von Pornosucht aufbauen kannst.

3.3 EINFLUSS PSYCHOLOGISCHER UND EMOTIONALER FAKTOREN AUF DIE PORNOSUCHT

Die Pornosucht hat nicht nur ihre Wurzeln in der ständigen Exposition gegenüber sexuell explizitem Bildmaterial und Inhalten, sondern wird auch stark von einer Reihe psychologischer und emotionaler Faktoren beeinflusst. Diese Faktoren spielen eine entscheidende Rolle bei der Entwicklung und Aufrechterhaltung der Sucht, und ein Verständnis ihrer Einflussnahme ist entscheidend, um sie effektiv zu überwinden.

1. Mechanismen der Flucht und Kompensation

Pornografie kann für viele Menschen, die mit emotionalen und psychologischen Schwierigkeiten konfrontiert sind, zur Flucht und Kompensation werden. Persönliche Probleme wie beruflicher Stress, Konflikte in Beziehungen, geringes Selbstwertgefühl oder Unzufriedenheit im Leben können dazu führen, dass sie in der Pornografie einen Ausweg suchen. Das Konsumieren von Pornografie bietet eine vorübergehende Erleichterung und Befriedigung, was das Muster des Suchtverhaltens verstärken kann.

Zum Beispiel erlebt Johannes, ein Mann in seinen Dreißigern, eine schmerzhafte Trennung in seiner Beziehung. Um mit der Traurigkeit und Einsamkeit umzugehen, sucht er in der Pornografie einen Zufluchtsort, um sich von seinen negativen Emotionen abzulenken. Je mehr Zeit er mit dem Konsum von Pornografie verbringt, desto stärker wird seine Abhängigkeit und es wird zu einer Bewältigungsstrategie für jegliche emotionale Schwierigkeit in seinem Leben.

2. Mangelnde emotionale und Bewältigungsfähigkeiten

Die Pornosucht kann auch mit einem Mangel an gesunden emotionalen und Bewältigungsfähigkeiten zusammenhängen.

Einige Menschen haben möglicherweise in der Vergangenheit traumatische Erfahrungen oder stressige Situationen durchlebt, die nicht angemessen verarbeitet wurden, was es ihnen erschwert, ihre Emotionen zu bewältigen. Die Pornografie wird zu einem Mechanismus der Flucht und einer Möglichkeit, diese unangenehmen Emotionen zu regulieren oder zu umgehen.

Zum Beispiel hat Robert, ein Mann in seinen Zwanzigern, eine Reihe von Zurückweisungen und Misserfolgen in seinem Leben erlebt. Aufgrund seines geringen Selbstwertgefühls und mangelnden Vertrauens fällt es ihm schwer, mit negativen Emotionen wie Frustration und Traurigkeit umzugehen. Anstatt gesunde Bewältigungsstrategien zu suchen, greift er zur Pornografie, um sein emotionales Unbehagen zu lindern. Der Konsum von Pornografie verschafft ihm eine vorübergehende Empfindung von Vergnügen und Kontrolle und ermöglicht es ihm, seine zugrunde liegenden Probleme zu umgehen.

3. Konditionierung und Belohnung

Das menschliche Gehirn ist darauf programmiert, nach Belohnungen zu suchen und Freude zu empfinden. Die wiederholte Exposition gegenüber Pornografie kann das Gehirn darauf konditionieren, sie mit Befriedigung und der Freisetzung von Dopamin, einem Neurotransmitter, der mit Freude zusammenhängt, zu verbinden. Wenn das Gehirn sich an diese Freisetzung von Dopamin gewöhnt, wird es immer schwieriger, der Versuchung und dem Impuls, mehr Pornografie zu konsumieren, zu widerstehen.

Zum Beispiel beginnt Andreas, ein junger Universitätsstudent, aus Neugier verschiedene Arten von Pornografie zu erkunden. Anfangs kann er seinen Konsum kontrollieren und auf gelegentliche Gelegenheiten beschränken. Doch je mehr er immer expliziteren Bildern und Inhalten ausgesetzt ist, desto mehr passt sich sein Gehirn an und sucht nach stärkerer Stimulation. Andreas' Gehirn wird darauf konditioniert, Pornografie mit der Freisetzung von Dopamin zu verbinden, was dazu führt, dass er häufiger und in größeren Mengen danach sucht, um die gleiche Befriedigung zu erlangen.

4. Verzerrtes Selbstbild

Die Abhängigkeit von Pornografie kann mit einer verzerrten Selbstwahrnehmung zusammenhängen, bei der die Person unrealistische Erwartungen an Sexualität und sexuelle Leistung entwickelt. Die fortwährende Exposition gegenüber Pornografie kann ein unrealistisches Bild von sexuellen Beziehungen erzeugen und Unsicherheiten in Bezug auf den eigenen Körper und die sexuelle Leistungsfähigkeit hervorrufen.

Zum Beispiel hat Peter, ein junger Mann in seinen Zwanzigern, seit frühen Jahren Pornografie konsumiert. Durch die Darstellungen idealisierter Körper und sexueller Begegnungen entwickelt Peter eine verzerrte Selbstwahrnehmung und fängt an, sich mit den unrealistischen Standards zu vergleichen, die in der Pornografie präsentiert werden. Dies erzeugt Unsicherheit und beeinträchtigt sein Vertrauen in echte intime Beziehungen, was ihn wiederum dazu bringt, in der Pornografie Schutz und sexuelle Kompetenz zu suchen.

Der Einfluss psychologischer und emotionaler Faktoren auf die Pornosucht ist unbestreitbar. Diese Faktoren können miteinander verbunden und sich gegenseitig verstärken, wodurch ein schwer zu durchbrechender Kreis entsteht. Es ist jedoch wichtig zu verstehen, dass die Überwindung der Sucht nicht nur den physischen Aspekt des Konsums von Pornografie umfasst, sondern auch die zugrunde liegenden psychologischen und emotionalen Aspekte angegangen werden müssen.

In den nächsten Kapiteln werden wir wirksame Strategien zur Anerkennung und Bewältigung der Sucht erforschen, eine gesunde Denkweise entwickeln, starke Beziehungen aufbauen und eine gesunde Sexualität wiedererlangen. Das Verständnis, wie psychologische und emotionale Faktoren die Pornosucht beeinflussen, ist der erste Schritt zur Befreiung und zur Einleitung eines Weges zu einem erfüllten Leben ohne Sucht.

TEIL II: DEN KREISLAUF DER SUCHT DURCHBRECHEN

Im Teil II dieses Buches werden wir uns mit dem Prozess des Durchbrechens des Suchtkreislaufs der Pornografiesucht befassen. In dieser Phase werden wir uns auf Strategien und Werkzeuge konzentrieren, um diese Sucht zu erkennen, anzugehen und zu überwinden. Das Verständnis für die Anzeichen und Symptome der Pornographiesucht, die Akzeptanz des Problems und die Entwicklung einer gesunden Denkweise werden Schlüsselelemente in diesem Transformationsprozess sein.

Im Kapitel 4 werden wir die Anzeichen und Symptome der Pornografiesucht erforschen, was es dir ermöglicht, deine persönliche Situation objektiv zu bewerten. Außerdem werden wir effektive Strategien bereitstellen, um das Problem konstruktiv anzunehmen und ihm entgegenzutreten. Durch Selbstreflexionsübungen kannst du deine Motivationen und persönlichen Auslöser vertiefen, was dir helfen wird, die zugrunde liegenden Aspekte deiner Sucht besser zu verstehen.

Im Kapitel 5 werden wir uns auf die Entwicklung einer gesunden Denkweise konzentrieren. Die Stärkung des Selbstwertgefühls und des Selbstvertrauens, die Veränderung begrenzender Überzeugungen und negativer Denkmuster sowie die Praxis von Achtsamkeits- und Visualisierungstechniken sind einige der zentralen Ansätze. Diese Werkzeuge ermöglichen es dir, eine positive und widerstandsfähige Denkweise zu kultivieren, die entscheidend ist, um die Sucht zu überwinden und ein ausgeglichenes Leben zu führen.

Das Kapitel 6 wird sich auf die Bedeutung des Aufbaus gesunder Beziehungen und eines Unterstützungssystems im Genesungsprozess konzentrieren. Du wirst lernen, eine offene und ehrliche Kommunikation mit deinem Partner und deinen Lieben aufzubauen sowie solide Beziehungen jenseits des Einflusses der Pornografie zu entwickeln. Eine solide Unterstützung und Verständnis in deiner Umgebung sind entscheidend für deinen Erfolg in der Genesung.

Schließlich werden wir im Kapitel 7 die Kraft von Gewohnheiten und Disziplin im Prozess der Überwindung der Sucht erforschen. Das Aufbrechen der Muster suchtbedingten Verhaltens, die Schaffung neuer gesunder Gewohnheiten und das Aufrechterhalten von Disziplin und Motivation während des gesamten Prozesses werden die Grundpfeiler dieser Phase sein. Du wirst effektive Strategien erlernen, um Versuchungen zu widerstehen und deinen Fokus auf die Genesung zu halten.

Während wir in diesem Teil des Buches voranschreiten, wirst du mit den notwendigen Werkzeugen ausgestattet sein, um die Pornografiesucht zu überwinden und einen neuen Weg in Richtung Freiheit und Wohlbefinden zu beschreiten. Bedenke, dass dieser Prozess Zeit, Anstrengung und Engagement erfordert, aber die Ergebnisse werden wertvoll und transformative sein. Du machst einen wichtigen Schritt hin zu einem erfüllteren und authentischeren Leben, und ich bin hier, um dich auf jeder Etappe dieser Reise zu begleiten.

4. ERKENNEN UND KONFRONTIEREN DER SUCHT

4.1 ANZEICHEN UND SYMPTOME DER PORNOGRAFIESUCHT

In diesem Kapitel werden wir uns mit den Anzeichen und Symptomen befassen, die auf eine Pornografiesucht hinweisen können. Die Anerkennung dieser Indikatoren ist entscheidend, um das Problem effektiv anzugehen und die notwendige Hilfe zu suchen. Im Folgenden werden einige der häufigsten Anzeichen untersucht, die bei einer Person auftreten können, die unter dieser Sucht leidet.

1. **Übermäßiger Konsum:** Ein Hauptzeichen der Pornografiesucht ist der unkontrollierte und übermäßige Konsum von pornografischem Material. Die Person kann Stunden damit verbringen, Pornoseiten im Internet zu durchsuchen, Videos anzuschauen, Bilder zu betrachten oder an sexuellen Chats teilzunehmen. Dieser Konsum wird zwanghaft und die Person hat Schwierigkeiten, aufzuhören, selbst wenn sie es wünscht.

2. **Soziale Isolation:** Die Pornografiesucht kann zu erheblicher sozialer Isolation führen. Die Person beginnt, soziale Interaktionen zu meiden und verbringt lieber ihre Zeit alleine mit dem Konsum von Pornografie. Persönliche und soziale Beziehungen können aufgrund mangelnder Beteiligung und emotionalen Engagements leiden.

3. **Vernachlässigung von Verantwortlichkeiten:** Pornographiesüchtige vernachlässigen oft ihre Verantwortlichkeiten und Verpflichtungen. Sie können Schwierigkeiten in ihrer akademischen oder beruflichen Leistung haben, ihre Hausarbeiten vernachlässigen oder ihre sozialen Verpflichtungen nicht erfüllen. Die Sucht wird zur Priorität über anderen wichtigen Lebensbereichen.

4. **Stimmungsschwankungen:** Personen, die süchtig nach Pornografie sind, können signifikante Stimmungsschwankungen

erleben. Sie können von Momenten der Euphorie und Erregung während des Konsums von pornografischem Material zu Schuldgefühlen, Scham oder Depressionen nach der Erfahrung wechseln. Diese plötzlichen Stimmungsschwankungen können sich negativ auf ihr emotionales Wohlbefinden auswirken.

5. **Beeinträchtigung des Sexuallebens:** Die Pornografiesucht kann sich negativ auf das Sexualleben der Person auswirken. Sie können Schwierigkeiten haben, eine befriedigende sexuelle Beziehung zu einem realen Partner aufrechtzuerhalten, da die Pornografie ihre Hauptquelle sexueller Stimulation wird. Darüber hinaus können sie unrealistische Erwartungen an die Sexualität entwickeln, basierend auf dem, was sie in pornografischen Inhalten sehen.

Es ist wichtig zu beachten, dass diese Anzeichen und Symptome in ihrer Intensität variieren und sich bei jedem Individuum auf unterschiedliche Weise manifestieren können. Einige Menschen können eine Kombination dieser Indikatoren aufweisen, während andere bestimmte Anzeichen stärker zeigen. Wenn du vermutest, dass du einer Pornografiesucht gegenüberstehst, ist es entscheidend, professionelle Hilfe zu suchen, um eine angemessene Diagnose und einen individuellen Behandlungsplan zu erhalten.

Als Beispiel betrachten wir Lucas. Lucas verbrachte früher mehrere Stunden pro Tag mit dem Konsum von Online-Pornografie. Er vernachlässigte seine akademischen und beruflichen Verpflichtungen, was zu Schwierigkeiten bei der Arbeit und schlechten Noten an der Universität führte. Er isolierte sich sozial, vermied Treffen mit Freunden und Familie und verlor das Interesse an Aktivitäten, die er früher genossen hatte. Außerdem erlebte er starke Stimmungsschwankungen, fühlte sich während des Konsums von Pornografie euphorisch und erregt, aber danach überkam ihn ein tiefes Gefühl der Schuld und Scham. Diese negativen Gefühle beeinflussten sein Selbstwertgefühl und seine Fähigkeit, intime und erfüllende Beziehungen aufzubauen.

Lucas bemerkte auch, dass sich sein Sexualleben beeinträchtigt hatte. Er hatte Schwierigkeiten, eine echte intime Verbindung zu seiner Partnerin aufrechtzuerhalten, da sein Geist ständig von pornografischen Bildern und Fantasien beeinflusst wurde. Dies führte zu unrealistischen Erwartungen an Sex und erschwerte ihm die Möglichkeit, eine authentische Intimität zu erleben.

Diese Beispiele veranschaulichen, wie sich die Anzeichen und Symptome der Pornografiesucht im Leben einer Person manifestieren können. Es ist wichtig zu betonen, dass jeder Einzelne die Sucht auf einzigartige Weise erleben kann und die Schwere der Symptome variieren kann. Die Anerkennung dieser Anzeichen ist der erste Schritt zur Genesung und dem Beginn eines Weges zu einem Leben frei von Sucht.

In den folgenden Kapiteln werden wir Strategien und Techniken zur Bewältigung und Überwindung dieser Sucht untersuchen. Wir werden lernen, wie man eine gesunde Denkweise entwickelt, das Selbstwertgefühl stärkt, negative Denkmuster durchbricht und solide unterstützende Beziehungen aufbaut. Darüber hinaus werden wir die Bedeutung von Gewohnheiten und Disziplin im Genesungsprozess behandeln.

Denke daran, dass die Anerkennung der Sucht und die Suche nach Hilfe mutig sind und einen Unterschied in deinem Leben machen können. Gemeinsam werden wir einen Weg zur Freiheit und ein erfülltes Leben jenseits der Pornografiesucht erkunden.

4.2 STRATEGIEN, UM DAS PROBLEM ANZUNEHMEN UND DAMIT UMZUGEHEN

Die Pornographiesucht ist ein schwerer Kampf, aber es gibt effektive Strategien, die dir helfen können, das Problem anzunehmen und damit umzugehen. Bevor wir diese Strategien behandeln, ist es wichtig zu verstehen, dass der Genesungsprozess nicht linear verläuft und Zeit, Geduld und kontinuierliche Anstrengung erfordern kann. Jeder Mensch ist einzigartig, und was für den einen funktioniert, mag für den anderen nicht auf die gleiche Weise funktionieren. Der Schlüssel liegt darin, verschiedene Ansätze zu erkunden und sie an deine individuellen Bedürfnisse anzupassen.

1. Bildung und Bewusstsein:

Ein tiefes Verständnis für die schädlichen Auswirkungen der Pornographiesucht zu erlangen, kann ein wichtiger Auslöser für Veränderungen sein. Es ist entscheidend, sich über wissenschaftliche Studien zu informieren, die zeigen, wie ständige Pornografieexposition das Gehirn verändern, die psychische und emotionale Gesundheit negativ beeinflussen und das Verständnis von Sexualität und intimen Beziehungen verzerren kann. Indem du diese Auswirkungen verstehst, wirst du motiviert, bewusstere Entscheidungen zu treffen und gesündere Alternativen zu suchen.

Tobias konsumierte regelmäßig Pornografie, ohne sich der Auswirkungen auf sein Leben bewusst zu sein. Nachdem er jedoch recherchiert und sich über das Thema informiert hatte, entdeckte er Studien, die zeigten, wie Pornographiesucht Intimitätsprobleme verursachen und die Zufriedenheit in Beziehungen verringern kann. Dieses neue Verständnis motivierte ihn, seine Sucht anzugehen und bedeutende Veränderungen in seinem Leben anzustreben.

2. Klare Zielsetzung:

Die Festlegung klarer und erreichbarer Ziele ist entscheidend, um den Kurs deiner Genesung zu bestimmen. Diese Ziele sollten spezifisch, messbar und realistisch sein, um sich an deine persönliche Situation anzupassen. Sie können eine schrittweise Reduzierung des Pornokonsums, Abstinenzperioden oder sogar die vollständige Eliminierung aus deinem Leben umfassen. Das Festlegen von Fristen und das Aufzeichnen deines Fortschritts helfen dir dabei, den Fokus und die Motivation aufrechtzuerhalten.

Theo beschloss, sich anfänglich das Ziel zu setzen, seinen Pornokonsum während des ersten Monats auf einmal pro Woche zu reduzieren. Er nutzte eine App, um seinen Fortschritt zu überwachen und zu dokumentieren. Nachdem er dieses Ziel erreicht hatte, strebte er an, es im nächsten Zeitraum auf einmal im Monat zu reduzieren, und so weiter. Diese schrittweise Festlegung von Zielen half ihm, motiviert zu bleiben und im Laufe der Zeit positive Ergebnisse zu sehen.

3. Suche nach Unterstützung:

Die Bewältigung der Pornographiesucht kann überwältigend sein, und die Unterstützung durch andere Menschen spielt eine entscheidende Rolle im Genesungsprozess. Unterstützung von engen Freunden, Familienangehörigen oder Fachleuten im Bereich der psychischen Gesundheit zu suchen, kann dir einen sicheren Raum bieten, um deine Erfahrungen zu teilen, Anleitung zu erhalten und dich in schwierigen Momenten unterstützt zu fühlen. Du könntest auch in Erwägung ziehen, spezielle Selbsthilfegruppen für Pornographiesucht aufzusuchen, wo du dich mit Menschen verbindest, die ähnliche Herausforderungen teilen, und gegenseitige Ermutigung und Unterstützung erhältst.

Peter erkannte, dass es überwältigend war, seine Pornographiesucht alleine zu bewältigen, also suchte er Unterstützung in einer lokalen Selbsthilfegruppe. Dort traf er auf Menschen, die seinen Kampf verstanden und effektive

Strategien zur Überwindung der Sucht teilten. Die Teilnahme an regelmäßigen Treffen und das Zuhören der Erfahrungen anderer Teilnehmer boten ihm ein Gefühl von Gemeinschaft und ein unschätzbares Netzwerk der Unterstützung während seines Genesungsprozesses.

4. Entwicklung von Bewältigungsfähigkeiten:

Das Erlernen effektiver Bewältigungsfähigkeiten wird dir dabei helfen, gesund mit Auslösern und Versuchungen umzugehen, die während des Genesungsprozesses auftreten können. Indem du Techniken erlernst und anwendest, kannst du emotionalen Herausforderungen, Stress und Situationen, die dich früher zur Pornografie geführt haben, konstruktiv begegnen.

Oskar identifizierte beruflichen Stress als häufigen Auslöser für seinen Pornokonsum. Um dieser Herausforderung zu begegnen, integrierte er Meditation in seine tägliche Routine. In stressigen Momenten nahm er sich einige Minuten Zeit, um Atemtechniken und Achtsamkeitsübungen durchzuführen. Dadurch konnte er seinen Geist beruhigen, Angst reduzieren und eine ausgewogenere Perspektive finden. Im Laufe der Zeit gelang es Oskar, seinen Stress effektiver zu bewältigen, ohne auf Pornografie zurückzugreifen.

5. Beseitigung von Auslösern:

Die Identifizierung und Beseitigung von Auslösern ist entscheidend, um Rückfälle in pornografische Verhaltensmuster zu vermeiden. Diese Auslöser können bestimmte Orte, Situationen, Personen oder sogar spezifische Emotionen sein, die dich dazu verleiten, nach Pornografie zu suchen. Indem du sie identifizierst und Maßnahmen ergreifst, um sie zu vermeiden oder auf gesunde Weise damit umzugehen, reduzierst du die Rückfallmöglichkeiten und stärkst deinen Genesungsprozess.

Andreas bemerkte, dass sein Pornokonsum anstieg, wenn er längere Zeit alleine in seinem Zimmer war. Um diesem Auslöser entgegenzuwirken, beschloss er, Grenzen für die Nutzung elektronischer Geräte in seinem Zimmer festzulegen und alternative Aktivitäten zu suchen. Er begann Bücher zu lesen, ein Musikinstrument zu spielen und anstatt unbeschäftigt in seinem Zimmer zu sitzen, ging er spazieren. Diese Maßnahmen ermöglichten es ihm, der Versuchung, nach Pornografie zu suchen, auszuweichen und Befriedigung in gesünderen Aktivitäten zu finden.

6. Selbstfürsorge:

Selbstfürsorge ist entscheidend, um dich emotional, körperlich und mental während des Genesungsprozesses zu stärken. Indem du dich auf dein Wohlbefinden konzentrierst, bist du besser in der Lage, Versuchungen und Herausforderungen auf dem Weg standzuhalten. Eine gesunde Routine mit ausgewogener Ernährung, regelmäßiger körperlicher Bewegung, ausreichender Ruhezeit und Zeit für Aktivitäten, die dir Freude bereiten, wird dir helfen, ein Gleichgewicht zu halten und eine positivere Einstellung zu bewahren.

Johannes integrierte Selbstfürsorge in seinen täglichen Ablauf, indem er regelmäßig körperliche Bewegung einplante. Er machte Spaziergänge, ging ins Fitnessstudio und praktizierte Yoga, um Stress abzubauen und sein körperliches und geistiges Wohlbefinden zu stärken. Darüber hinaus sorgte er für eine ausgewogene Ernährung und eine angemessene Schlafroutine. Diese ganzheitliche Herangehensweise an die Selbstfürsorge bot ihm eine solide Grundlage, um Versuchungen zu widerstehen und eine gesunde Mentalität in seinem Genesungsprozess aufrechtzuerhalten.

Nach der Anwendung dieser Strategien ist es wichtig zu bedenken, dass der Weg zur Genesung herausfordernd sein kann und die Ergebnisse von Person zu Person variieren können. Geduld mit dir selbst zu haben, kleine Erfolge zu feiern und bei Bedarf Unterstützung zu suchen, sind entscheidend.

Pornografiesucht ist ein komplexes Problem, und ihre Bewältigung erfordert einen multidimensionalen Ansatz. Die Kombination von Bildung, klaren Zielen, sozialer Unterstützung,

Bewältigungsfähigkeiten, Beseitigung von Auslösern und Selbstfürsorge bietet einen soliden Rahmen, um die Sucht anzugehen und zu überwinden.

Es ist wichtig zu betonen, dass jeder Mensch einzigartig ist und der Genesungsprozess in Dauer und Ansatz variieren kann. Einige Menschen können erheblichen Nutzen aus individueller Therapie ziehen, um die zugrunde liegenden Ursachen der Sucht zu erkunden und maßgeschneiderte Strategien zu entwickeln. Andere finden Unterstützung in Selbsthilfegruppen, wo sie ihre Erfahrungen teilen und Ermutigung von Menschen erhalten können, die ähnliche Situationen durchlebt haben.

Denke daran, dass Pornografiesucht nicht deinen Wert als Person definiert. Es ist eine Herausforderung, die du überwinden und dich erholen kannst. Halte die Hoffnung aufrecht und erinnere dich daran, dass Fortschritte nicht immer linear sind. Es kann Rückschläge geben, aber das Wichtige ist, aus ihnen zu lernen und mit Entschlossenheit weiterzumachen.

Zusammenfassend lässt sich sagen, dass die Bewältigung der Pornografiesucht Bildung, klare Ziele, soziale Unterstützung, Bewältigungsfähigkeiten, Beseitigung von Auslösern und Selbstfürsorge umfasst. Indem du diese Strategien anwendest und an deine individuellen Bedürfnisse anpasst, kannst du den Weg zur Genesung beschreiten und eine gesündere Beziehung zu deiner Sexualität und Intimität entwickeln.

4.3 SELBSTREFLEXIONSÜBUNGEN ZUR ERGRÜNDUNG PERSÖNLICHER MOTIVATIONEN UND AUSLÖSER

Die Selbstreflexion ist ein mächtiges Werkzeug im Prozess der Überwindung von Pornografiesucht. Durch sie können wir unsere zugrunde liegenden Motivationen, persönlichen Auslöser und Verhaltensmuster erkunden, die uns dazu bringen, zur Pornografie zu greifen. Diese Selbstexploration bietet uns die Möglichkeit, uns selbst besser zu verstehen und konkrete Maßnahmen zur Veränderung zu ergreifen.

Im Folgenden sind einige Selbstreflexionsübungen aufgeführt, die in deinem Genesungsprozess hilfreich sein können:

1. Emotionstagebuch:

Führe ein Tagebuch, in dem du deine Emotionen vor, während und nach dem Konsum von Pornografie festhältst. Notiere, was dich dazu veranlasst hat, danach zu suchen, wie du dich während des Erlebnisses gefühlt hast und wie du dich danach fühlst. Beobachte die emotionalen Muster, die auftreten, und reflektiere über die emotionalen Auslöser, die dich dazu bringen, zur Pornografie zu greifen.

Johannes beschließt, für zwei Wochen ein Emotionstagebuch zu führen. Er entdeckt, dass er dazu neigt, nach Pornografie zu suchen, wenn er sich gestresst fühlt nach einem anstrengenden Tag bei der Arbeit. Er bemerkt auch, dass Einsamkeit und Traurigkeit häufige emotionale Auslöser für ihn sind.

2. Identifizierung automatischer Gedanken:

Achte auf deine automatischen Gedanken im Zusammenhang mit Pornografie. Das sind Gedanken, die schnell und ohne bewusste Kontrolle auftauchen. Das Identifizieren und Untersuchen dieser Gedanken ermöglicht es dir, deine zugrunde liegenden

Überzeugungen und negativen Denkmuster besser zu verstehen, die dich in der Sucht gefangen halten.

Peter bemerkt, dass er automatische Gedanken wie "Ich kann der Versuchung nicht widerstehen" oder "Es ist nichts Schlimmes daran, Pornografie anzusehen" hat. Durch die Identifizierung dieser Gedanken kann Peter ihre Gültigkeit hinterfragen und beginnen, sie durch gesündere und realistischere Gedanken zu ersetzen.

3. Analyse der Auslöser:

Erstelle eine Liste der äußeren und inneren Auslöser, die dich dazu bringen, nach Pornografie zu suchen. Äußere Auslöser können Orte, Personen oder Situationen umfassen, während innere Auslöser sich auf Emotionen, Stimmungen oder spezifische Gedanken beziehen.

Andreas erkennt, dass allein zu Hause sein, Langeweile empfinden oder Stress erleben häufige innere Auslöser für ihn sind. Außerdem bemerkt er, dass bestimmte Websites oder Apps auf seinem Telefon äußere Auslöser sind, die ihn zur Pornografie führen.

4. Erkundung von Werten und Zielen:

Reflektiere über deine persönlichen Werte und die Ziele, die du in deinem Leben erreichen möchtest. Bedenke, wie die Pornografiesucht dich daran hindert, deine Werte und Ziele zu verwirklichen, und wie du deine Handlungen neu ausrichten kannst, um ein bedeutungsvolleres und erfüllteres Leben zu führen.

David erkennt, dass seine Pornografiesucht sich negativ auf sein Sozialleben und seine intimen Beziehungen auswirkt. Indem er über seine Werte von menschlicher Verbundenheit und authentischer Liebe nachdenkt, verpflichtet sich David dazu, an seiner Sucht zu arbeiten, um bedeutungsvolle Beziehungen in seinem Leben wieder aufzubauen.

5. Hinterfragen begrenzender Überzeugungen:

Untersuche begrenzende Überzeugungen, die du über dich selbst, Pornografie und Sexualität im Allgemeinen hast. Hinterfrage ihre Gültigkeit und erwäge, gesündere und realistischere Perspektiven einzunehmen.

Gabriel entdeckt, dass er die begrenzende Überzeugung hat, dass er ein erfülltes Sexualleben ohne Hilfe von Pornografie nicht genießen kann. Indem er diese Überzeugung hinterfragt, beginnt Gabriel andere Wege der intimen Verbindung und sexuellen Befriedigung zu erkunden, die nicht von Pornografie abhängen.

6. Visualisierung einer Zukunft ohne Sucht:

Nimm dir Zeit, um dir ein Leben ohne Pornografiesucht vorzustellen. Stelle dir vor, wie du dich fühlen würdest, wie deine Beziehungen wären, dein Selbstvertrauen und dein emotionales Wohlbefinden. Nutze diese Visualisierung als Quelle der Inspiration und Motivation in deinem Genesungsprozess.

Carlos stellt sich vor, wie er ein erfülltes Leben führt, in dem er sich vollständig, mit anderen verbunden und selbstbewusst fühlt. Diese Vision hilft ihm, seine Motivation aufrechtzuerhalten und Entscheidungen zu treffen, die seinem Ziel der Überwindung der Sucht entsprechen.

Diese Selbstreflexionsübungen bieten dir die Möglichkeit, dein Verständnis von dir selbst, deinen Auslösern und Motivationen zu vertiefen. Wenn du dich in diese Selbstreflexion vertiefst, kannst du Muster erkennen, begrenzende Überzeugungen in Frage stellen und einen Weg zur Genesung und zum Aufbau eines gesünderen und erfüllteren Lebens einschlagen.

Denke daran, dass diese Übungen mächtige Werkzeuge sind, aber jeder Mensch einzigartig ist und zusätzlichen Ansätzen nutzen kann. Es wird immer empfohlen, die Unterstützung eines professionellen Mentalgesundheitsexperten in Anspruch zu nehmen, um deinen Genesungsprozess zu leiten und zu unterstützen.

Nachdem du diese Selbstreflexionsübungen durchgeführt hast,

wirst du besser darauf vorbereitet sein, die nächsten Schritte in deiner Reise zur Überwindung der Pornografiesucht anzugehen.

49

5. ENTWICKELN EINER GESUNDEN DENKWEISE

5.1 STÄRKUNG DES SELBSTWERTGEFÜHLS UND DES VERTRAUENS IN SICH SELBST

Die Stärkung des Selbstwertgefühls ist ein entscheidender Prozess bei der Überwindung der Pornografiesucht. Während der Suchtphase ist es üblich, dass unser Selbstwertgefühl negativ beeinflusst wird. Wir fühlen uns beschämt, schuldig und beurteilen uns selbst hart. Um diesen zerstörerischen Kreislauf zu durchbrechen, ist es entscheidend, an der Stärkung unseres Selbstwertgefühls zu arbeiten und das Vertrauen in uns selbst wiederzuerlangen.

Eine Möglichkeit, das Selbstwertgefühl zu stärken, besteht darin, negative und selbstkritische Gedanken zu erkennen und in Frage zu stellen, die wir verinnerlicht haben. Oft bestrafen wir uns selbst mit Gedanken wie "Ich bin nicht gut genug" oder "Ich verdiene es nicht, geliebt zu werden". Es ist wichtig, diese Überzeugungen herauszufordern und sie durch positive und realistische Aussagen über unseren eigenen Wert und unsere Fähigkeiten zu ersetzen.

Ein weiterer wichtiger Aspekt bei der Stärkung des Selbstwertgefühls ist die Praxis der Selbstfürsorge. Dies beinhaltet die ganzheitliche Fürsorge für uns selbst, indem wir unsere körperlichen, emotionalen und spirituellen Bedürfnisse beachten. Eine angemessene Ernährung, ausreichend Schlaf, körperliche Bewegung und das Suchen nach Aktivitäten, die uns Freude und Zufriedenheit bringen, sind entscheidende Faktoren, um unser Selbstwertgefühl zu stärken.

Darüber hinaus ist die Entwicklung von Selbstmitgefühl ein wesentlicher Bestandteil dieses Prozesses. Anstatt uns für unsere Fehler und Rückfälle zu beurteilen und zu bestrafen, lernen wir, uns selbst mit Freundlichkeit und Verständnis zu behandeln. Wir erkennen an, dass wir als Menschen in einem ständigen Prozess des Wachstums und des Wandels sind und dass wir es verdienen, uns selbst auf jedem Schritt des Weges freundlich und mitfühlend zu behandeln.

Stellen wir uns Hans vor, der seit Jahren gegen seine Pornografiesucht kämpft. Während seiner Sucht hat sein Selbstwertgefühl stark gelitten. Er schämt sich für sein Handeln und glaubt, dass er keine Liebe und Achtung verdient. Als Folge hat er persönliche Beziehungen vermieden und sich zunehmend isoliert.

Hans entscheidet sich jedoch, sich seinem Problem zu stellen und an der Stärkung seines Selbstwertgefühls zu arbeiten. Er beginnt damit, seine negativen und selbstkritischen Gedanken in Frage zu stellen. Er erkennt, dass seine vergangenen Handlungen seinen Wert als Person nicht definieren und dass er die Kraft hat, sich zu verändern und zu wachsen.

Hans beginnt auch damit, Selbstfürsorge zu praktizieren. Er etabliert eine regelmäßige Trainingsroutine, ernährt sich gesund und erlaubt sich, Aktivitäten zu genießen, die ihm Freude und Zufriedenheit bereiten. Zudem sucht er emotionale Unterstützung durch Therapie und Selbsthilfegruppen.

Mit der Zeit bemerkt Hans bedeutende Veränderungen in seinem Selbstwertgefühl. Er fühlt sich selbstbewusster, fähig, gesunde Beziehungen aufzubauen und den Herausforderungen auf seinem Weg zur Genesung zu begegnen. Durch die Stärkung seines Selbstwertgefühls öffnet sich Hans neuen Möglichkeiten und Erfahrungen in seinem Leben und legt so eine solide Grundlage für seinen Genesungsprozess.

Eine weitere wichtige Strategie zur Stärkung des Selbstwertgefühls besteht darin, unsere Erfolge anzuerkennen und zu schätzen, auch wenn sie noch so klein sind. Oft konzentrieren wir uns auf unsere Misserfolge und vergessen, unsere Erfolge anzuerkennen. Das Erlernen, unsere Erfolge zu feiern, wie klein sie auch sein mögen, hilft uns dabei, unseren eigenen Wert zu bestätigen und uns dazu zu motivieren, weiterzumachen.

Außerdem ist es entscheidend, uns von Menschen umgeben, die uns unterstützen und uns ein positives Umfeld bieten. Die Suche nach Unterstützung von Freunden, Familie, Therapeuten oder Selbsthilfegruppen bietet uns einen sicheren Raum, in dem wir unsere Erfahrungen teilen können, positive Rückmeldungen erhalten und uns in unserem Genesungsprozess unterstützt fühlen.

Es ist wichtig zu bedenken, dass die Stärkung des Selbstwertgefühls nicht darin besteht, nach externer Zustimmung zu suchen oder unseren Wert auf das zu stützen, was andere über uns denken. Es geht darum, ein internes Vertrauen aufzubauen, unsere Qualitäten anzuerkennen und uns mit unseren Stärken und Schwächen anzunehmen. Wenn wir uns selbst akzeptieren und wertschätzen, werden wir weniger abhängig von externer Bestätigung und sind besser in der Lage, ein solides Selbstwertgefühl aufrechtzuerhalten.

Stellen wir uns Miguel vor, der seit mehreren Jahren mit der Pornografiesucht kämpft. Während seiner Sucht hat sein Selbstwertgefühl stark gelitten. Er fühlt sich gefangen in einem Kreislauf aus Schuldgefühlen und Scham und glaubt, dass er nicht gut genug ist, um die Liebe und den Respekt anderer zu verdienen.

Miguel beschließt, Maßnahmen zu ergreifen, um sein Selbstwertgefühl zu stärken. Er beginnt damit, die negativen und selbstkritischen Gedanken herauszufordern, die ihn in einem zerstörerischen Muster gefangen gehalten haben. Er praktiziert das Ersetzen negativer Gedanken durch positive und realistische Aussagen über sich selbst. Wenn zum Beispiel ein Gedanke wie "Ich bin ein Versager" aufkommt, ersetzt er ihn bewusst durch "Ich lerne jeden Tag dazu und wachse".

Außerdem sucht Miguel emotionale Unterstützung. Er schließt sich einer Therapiegruppe an, in der er seine Erfahrungen teilt und die Geschichten anderer Menschen hört, die sich ebenfalls in einem Genesungsprozess befinden. Durch die Interaktion mit anderen Menschen, die ähnliche Herausforderungen teilen, fühlt sich Miguel verstanden und unterstützt, was sein Selbstwertgefühl und sein Vertrauen in seine Fähigkeit, die Sucht zu überwinden, stärkt.

Indem Miguel sich darauf konzentriert, seine Erfolge anzuerkennen und zu schätzen, auch die kleinsten, erlebt er eine bedeutende Veränderung in seinem Selbstwertgefühl. Er feiert jeden Schritt auf dem Weg zur Genesung, sei es ein tag ohne Pornografie oder die Entwicklung neuer Fähigkeiten und gesunder Beziehungen. Durch diesen Prozess erkennt Miguel, dass sein Wert als Person nicht durch seine Sucht bestimmt wird, sondern durch seine Fähigkeit zu wachsen und persönlich zu überwinden.

Durch die Stärkung seines Selbstwertgefühls fühlt sich Miguel selbstbestimmter und motivierter, seinen Weg zur Genesung fortzusetzen. Er erkennt, dass er ein erfülltes und glückliches Leben verdient, frei von der Pornografiesucht. Während Miguel daran arbeitet, sein Selbstwertgefühl zu stärken, wird ihm auch bewusst, dass sein Wert als Person über seine Sucht hinausgeht und dass er Liebe, Respekt und Glück verdient.

Es ist wichtig zu betonen, dass die Stärkung des Selbstwertgefühls nicht über Nacht geschieht. Es erfordert Zeit, Geduld und Engagement. Es ist ein schrittweiser Prozess der Selbstentdeckung und Selbstmitgefühl. Auf dem Weg können auf Miguel Herausforderungen und Rückschläge zukommen, aber mit einem gestärkten Selbstwertgefühl wird er besser in der Lage sein, Hindernisse zu bewältigen und in seiner Genesung standhaft zu bleiben.

Durch die Entwicklung eines starken Selbstwertgefühls und eines Vertrauens in sich selbst wird Miguel positive Veränderungen in seinem Leben insgesamt erfahren. Er wird sich in seinen persönlichen Beziehungen sicherer fühlen, Entscheidungen basierend auf seinen Werten und Zielen treffen und neuen Herausforderungen optimistisch und entschlossen entgegentreten.

Im nächsten Abschnitt, 5.2, werden wir uns mit der Veränderung begrenzender Überzeugungen und negativer Denkmuster befassen. Wir werden sehen, wie unsere Überzeugungen über uns selbst und über Sexualität Einfluss auf unsere Pornografiesucht haben können, und wir werden Strategien zur Transformation dieser Überzeugungen und zur Annahme einer positiveren und konstruktiveren Denkweise erkunden.

Denke daran, dass der Weg zu einer gesunden Denkweise und einem gestärkten Selbstwertgefühl für jede Person einzigartig ist. Jeder Einzelne hat seine eigenen Erfahrungen, Herausforderungen und Stärken. Während du deinen eigenen Genesungsprozess durchläufst, sei geduldig mit dir selbst und feiere jeden kleinen Schritt, den du in Richtung einer gesunden Denkweise und einer erneuerten Selbstachtung machst. Du bist auf dem Weg zu einem erfüllten und bedeutsamen Leben. Mach weiter so!

5.2 ÄNDERUNG BEGRENZENDER ÜBERZEUGUNGEN UND NEGATIVER DENKMUSTER

Die Änderung begrenzender Überzeugungen und negativer Denkmuster ist ein entscheidender Schritt auf dem Weg zu einer gesunden Denkweise und der Überwindung der Pornographiesucht. Unsere Gedanken und Überzeugungen haben einen signifikanten Einfluss auf unsere Emotionen, Handlungen und Ergebnisse im Leben. Wenn wir uns an negativen und selbstzerstörerischen Überzeugungen festhalten, ist es wahrscheinlich, dass wir in einem Kreislauf der Sucht gefangen bleiben und uns unfähig fühlen, Veränderungen vorzunehmen.

Begrenzende Überzeugungen sind solche, die uns einschränken und uns daran hindern, unser wahres Potenzial zu entfalten. Diese Überzeugungen entstehen oft aus vergangenen Erfahrungen, internalisierten negativen Botschaften oder ungerechten Vergleichen mit anderen. Zum Beispiel könnten einige häufige begrenzende Überzeugungen im Zusammenhang mit Pornographiesucht lauten: "Ich habe nicht genug Willenskraft, um diese Sucht zu überwinden", "Ich verdiene es nicht, ein gesundes Sexualleben zu haben" oder "Ich bin von Natur aus defekt und kann mich nicht ändern".

Diese begrenzenden Überzeugungen können einen negativen Einfluss auf unser Selbstwertgefühl, unser Selbstvertrauen und unsere Fähigkeit, gesunde Entscheidungen zu treffen, haben. Es ist jedoch wichtig zu verstehen, dass Überzeugungen keine absolute Wahrheit sind, sondern subjektive Interpretationen der Realität. Wir können diese Überzeugungen in Frage stellen und herausfordern, um uns für neue Perspektiven und Möglichkeiten zu öffnen.

Der erste Schritt zur Änderung begrenzender Überzeugungen

besteht darin, sich ihrer bewusst zu werden. Beobachte deine Gedanken und erkenne jene, die ein negatives Bild von dir selbst und deinen Fähigkeiten verstärken. Das Führen eines Gedankenjournals kann eine nützliche Methode sein, um deine negativen Überzeugungen und ihre emotionale Auswirkung aufzuzeichnen und zu untersuchen.

Sobald du die begrenzenden Überzeugungen identifiziert hast, ist es wichtig, ihre Gültigkeit zu hinterfragen. Frage dich selbst: Was ist der tatsächliche Beweis dafür, dass diese Überzeugung wahr ist? Gibt es Beispiele, in denen diese Überzeugung nicht zutrifft? Wie würde ich mich fühlen und wie würde ich handeln, wenn ich diese Überzeugung nicht hätte?

Zum Beispiel, wenn du die begrenzende Überzeugung hast, "Ich habe nicht genug Willenskraft, um diese Sucht zu überwinden", kannst du sie herausfordern, indem du nach Momenten in deinem Leben suchst, in denen du in anderen Bereichen Willenskraft gezeigt hast. Erinnere dich an Situationen, in denen du Versuchungen widerstanden und gesunde Entscheidungen getroffen hast. Dadurch sammelst du Beweise dafür, dass deine begrenzende Überzeugung nicht absolut ist und dass du die Fähigkeit zur Veränderung hast.

Sobald du deine begrenzenden Überzeugungen hinterfragt und herausgefordert hast, ist es an der Zeit, sie durch konstruktivere und ermächtigende Gedanken zu ersetzen. Dies beinhaltet das Entwickeln positiver Affirmationen, die ein gesundes und fähiges Selbstbild verstärken. Wiederhole diese Affirmationen jeden Tag, sowohl in Gedanken als auch laut, um nach und nach deine neue Denkweise zu stärken.

Neben der Arbeit mit Überzeugungen ist es wichtig, negative Denkmuster zu erkennen und anzugehen, die die Sucht verstärken. Diese Muster können übermäßige Selbstkritik, das Grübeln über negative Gedanken und die negative Antizipation der Zukunft umfassen. Diese Denkmuster können unser Vertrauen untergraben und uns in einem Kreislauf der

Selbstzerstörung gefangen halten.

Um negative Denkmuster zu ändern, ist es wichtig, die Fähigkeit zur bewussten Selbstbeobachtung zu entwickeln. Beobachte deine Gedanken und erkenne, wenn du in negativen Mustern gefangen bist. Nimm automatische Gedanken und die Überzeugungen, die sie unterstützen, wahr. Sobald du sie identifiziert hast, frage dich, ob sie wirklich hilfreich und wahr sind oder ob sie einfach aus Negativität und Selbstkritik stammen.

Fordere dann deine negativen Gedanken mit gegenteiligen Fragen und Aussagen heraus. Zum Beispiel, wenn du denkst: "Ich falle immer wieder in die Sucht zurück, ich werde sie nie überwinden können", kannst du diese Gedanken herausfordern, indem du dir selbst sagst: "Ich habe in anderen Bereichen meines Lebens Stärke und Veränderungsfähigkeit gezeigt, ich kann diese Stärke auch auf meine Genesung anwenden". Indem du die negativen Gedanken in Frage stellst und herausforderst, nimmst du ihnen die Macht und öffnest Raum für neue Perspektiven.

Es ist hilfreich, eine Haltung der Dankbarkeit und Wertschätzung zu entwickeln. Anstatt sich auf das Negative und auf vergangene Fehler zu konzentrieren, können wir uns auf das Positive und auf unsere Fortschritte konzentrieren. Die Praxis der Dankbarkeit hilft uns, unsere Aufmerksamkeit auf das Gute in unserem Leben zu lenken und eine positivere und konstruktivere Denkweise zu kultivieren.

Eine weitere effektive Technik ist die kognitive Umstrukturierung, bei der negative Gedanken durch realistischere und positivere Gedanken ersetzt werden. Zum Beispiel, wenn du den negativen Gedanken hast, "Ich bin von Natur aus defekt", kannst du ihn umstrukturieren, indem du dir sagst: "Ich bin eine einzigartige und wertvolle Person, die fähig ist, aus ihren Erfahrungen zu lernen und zu wachsen". Durch die Praxis der kognitiven Umstrukturierung trainieren wir unseren Geist, gesündere und konstruktivere Perspektiven anzunehmen.

Schließlich ist es wichtig, sich von positiven und unterstützenden

Menschen umgeben. Suche nach Menschen, die dich inspirieren und in deinem Veränderungsprozess motivieren. Teile deine Herausforderungen und Erfolge mit ihnen und erlaube ihnen, dir die Unterstützung und Anleitung zu geben, die du benötigst. Soziale Unterstützung kann entscheidend sein, um deine Denkweise zu stärken und dir zu helfen, begrenzende Überzeugungen und negative Denkmuster zu überwinden.

Denke daran, dass die Änderung begrenzender Überzeugungen und negativer Denkmuster ein kontinuierlicher und schrittweiser Prozess ist. Es erfordert Ausdauer, Selbstmitgefühl und Geduld. Aber mit der Zeit und konstanter Übung kannst du deine Denkweise transformieren und dich für neue Möglichkeiten eines erfüllten und gesunden Lebens öffnen.

Im nächsten Punkt, 5.3, werden wir Mindfulness- und Visualisierungstechniken erkunden, die den Prozess der Entwicklung einer gesunden Denkweise ergänzen.

5.3 TECHNIKEN FÜR ACHTSAMKEIT UND VISUALISIERUNG ZUR FÖRDERUNG EINER POSITIVEN DENKWEISE

An diesem Punkt werden wir detailliertere Techniken für Achtsamkeit und Visualisierung erkunden, die dir helfen können, eine positive Denkweise zu entwickeln und dein emotionales Wohlbefinden zu stärken.

Achtsamkeit ist eine Praxis, bei der du ein bewusstes und empfängliches Gewahrsein für den gegenwärtigen Moment entwickelst, ohne zu urteilen oder automatisch zu reagieren. Eine der gebräuchlichsten Techniken zur Förderung von Achtsamkeit ist die Meditation. Du kannst damit beginnen, dir jeden Tag ein paar Minuten Zeit zu nehmen, dich an einen ruhigen Ort zu setzen, die Augen zu schließen und deine Aufmerksamkeit auf deinen Atem zu lenken. Beobachte, wie die Luft in deinen Körper einströmt und wieder ausströmt und spüre jede Ein- und Ausatmung. Während du dich auf deinen Atem konzentrierst, kann es sein, dass deine Gedanken abschweifen. Wenn das passiert, erkenne es einfach an und lenke sanft deine Aufmerksamkeit zurück auf deinen Atem. Mit kontinuierlicher Übung wirst du lernen, deinen Geist zu beruhigen und präsenter im Moment zu sein.

Neben der Meditation gibt es auch andere Möglichkeiten, Achtsamkeit in deinen Alltag zu integrieren. Du kannst alltägliche Aktivitäten mit voller Aufmerksamkeit und Bewusstsein ausführen. Beim Geschirrspülen zum Beispiel achte auf die Empfindungen von Wasser und Seife auf deinen Händen, die Textur des Geschirrs und das Geräusch des Wassers. Anstatt deinen Geist abschweifen zu lassen, konzentriere dich auf das gegenwärtige Erlebnis. Genauso kannst du beim Essen darauf achten, jeden Bissen zu genießen und deine Aufmerksamkeit auf die Aromen, Geschmacksrichtungen und Texturen der

Nahrungsmittel zu lenken. Durch das vollständige Eintauchen in diese Aktivitäten hilfst du dir selbst dabei, eine stärkere Verbindung zu dir selbst und zum gegenwärtigen Moment aufzubauen.

Visualisierung ist eine weitere kraftvolle Technik, um eine positive Denkweise zu entwickeln. Dabei schaffst du klare und lebhafte mentale Bilder, die deine Ziele, Wünsche und Bestrebungen repräsentieren. Du kannst die Visualisierung nutzen, um dein Selbstwertgefühl und dein Selbstvertrauen zu stärken. Schließe zum Beispiel die Augen und stelle dir eine zukünftige Version von dir selbst vor, voller Selbstvertrauen und Erfolge. Visualisiere dich dabei, wie du deine Ziele erreichst und die Erfolge genießt, die du erreichen möchtest. Stelle dir vor, wie du dich fühlst, wie du aussiehst und wie du mit anderen interagierst. Indem du das tust, sendest du positive Signale an deinen Geist und programmierst dich selbst dazu, an dein eigenes Potenzial zu glauben.

Eine weitere Möglichkeit, Visualisierung anzuwenden, ist die Erstellung von Vision Boards. Ein Vision Board ist eine visuelle Darstellung deiner Ziele, Träume und Bestrebungen. Du kannst eins erstellen, indem du Bilder, Worte und Sätze sammelst, die das repräsentieren, was du erreichen möchtest. Platziere diese Bilder auf einem Board oder Karton und stelle es an einem gut sichtbaren Ort auf, wo du es häufig sehen kannst. Jedes Mal, wenn du dein Vision Board ansiehst, erinnert es dich an deine Ziele und inspiriert dich dazu, weiterzumachen.

Denke daran, dass sowohl Achtsamkeit als auch Visualisierung Übung und Kontinuität erfordern, um signifikante Ergebnisse zu erzielen. Widme regelmäßig Zeit diesen Techniken und sei während des Prozesses freundlich zu dir selbst. Wenn du diese Praktiken in deinen Alltag integrierst, wirst du eine positive Veränderung in deiner Denkweise und deinem emotionalen Wohlbefinden bemerken.

Nachdem wir die Techniken der Achtsamkeit und Visualisierung erkundet haben, ist es wichtig zu betonen, dass es auch andere Werkzeuge und Ansätze gibt, die dazu beitragen können, eine gesunde Denkweise zu entwickeln.

Eines dieser Werkzeuge ist die Praxis der Dankbarkeit. Dankbarkeit zu kultivieren bedeutet, die positiven Dinge in deinem Leben anzuerkennen und zu schätzen, selbst die kleinen. Du kannst ein Dankbarkeitstagebuch führen und täglich drei Dinge aufschreiben, für die du dankbar bist. Diese können Menschen, Situationen, Errungenschaften oder positive Aspekte deines Tages sein. Indem du dich auf das konzentrierst, was du hast und was dich glücklich macht, änderst du deine Perspektive zu einer positiven und optimistischen Denkweise.

Eine weitere wertvolle Technik ist die Entwicklung positiver Affirmationen. Affirmationen sind positive und kraftvolle Aussagen, die gesunde Überzeugungen und Einstellungen stärken. Du kannst Sätze wie "Ich bin würdig von Liebe und Respekt", "Ich habe die Kraft, jede Herausforderung zu meistern" oder "Ich vertraue auf meine Fähigkeiten und mein Potenzial" wiederholt aussprechen. Indem du diese Affirmationen regelmäßig wiederholst, insbesondere in Zeiten von Zweifeln oder Schwierigkeiten, hilfst du dabei, deine negativen Denkmuster umzuprogrammieren und deine positive Denkweise zu stärken.

Darüber hinaus ist es wichtig, auf dein körperliches Wohlbefinden zu achten, da es eng mit deiner mentalen und emotionalen Gesundheit verbunden ist. Stelle sicher, dass du eine ausgewogene Ernährung einhältst, regelmäßig Sport treibst und ausreichend Ruhephasen einplanst. Diese Maßnahmen stärken deine Energie und Vitalität, was wiederum zu einer gesünderen Denkweise beiträgt.

Es ist wichtig, sich daran zu erinnern, dass jeder Mensch einzigartig ist und Techniken und Ansätze finden kann, die am besten zu seinen individuellen Bedürfnissen und Vorlieben passen. Was für eine Person funktioniert, mag für eine andere nicht auf die gleiche Weise funktionieren. Deshalb ermutige ich dich, verschiedene Praktiken zu erkunden und mit ihnen zu experimentieren, um herauszufinden, welche für dich am effektivsten und bedeutsamsten sind.

Zusammenfassend erfordert die Entwicklung einer gesunden Denkweise die Entwicklung von Fähigkeiten wie Achtsamkeit, Visualisierung, Dankbarkeit, positiven Affirmationen und die Pflege des körperlichen Wohlbefindens. Diese Praktiken können dir helfen, deine Gedanken, Überzeugungen und Einstellungen zu transformieren, und somit dein emotionales Wohlbefinden stärken und ein erfüllteres und zufriedeneres Leben fördern. Denke daran, dass Kontinuität und regelmäßige Übung der Schlüssel zu langanhaltenden Ergebnissen sind.

Hier sind einige Beispiele für Übungen:

1. **Dankbarkeit:** Du kannst ein Dankbarkeitstagebuch führen und täglich drei Dinge aufschreiben, für die du dankbar bist. Zum Beispiel könntest du notieren: "Ich bin dankbar, dass ich einen Spaziergang im Park genießen konnte", "Ich schätze die Freundlichkeit eines Freundes, der mir aufmerksam zugehört hat" oder "Ich bin dankbar für ein bedeutsames Gespräch mit meinem Bruder". Indem du Dankbarkeit konsequent praktizierst, fokussierst du dich auf das Positive in deinem Leben und entwickelst eine Mentalität der Wertschätzung und Zufriedenheit.

2. **Positive Affirmationen:** Du kannst deine eigenen positiven Affirmationen erstellen und sie täglich wiederholen. Hier sind einige Beispiele: "Ich bin in der Lage, jede Herausforderung zu meistern, die mir in den Weg kommt", "Ich vertraue auf meine Fähigkeit zu lernen und zu wachsen", "Ich liebe und akzeptiere mich so, wie ich bin". Diese positiven Affirmationen helfen dir dabei, einschränkende und selbstkritische Überzeugungen durch konstruktivere und ermutigendere Gedanken zu ersetzen.

3. **Achtsamkeit:** Du kannst Achtsamkeit in deinem täglichen Leben praktizieren, indem du bewusst und aufmerksam mit deinen gegenwärtigen Erfahrungen umgehst, ohne zu urteilen.

Wenn du zum Beispiel isst, konzentriere dich auf den Geschmack, die Textur und den Geruch der Lebensmittel, ohne Ablenkungen. Eine andere Möglichkeit, Achtsamkeit zu üben, ist durch Meditation. Nimm dir täglich einige Minuten Zeit, um in Stille zu sitzen und dich auf deine Gedanken und Empfindungen zu konzentrieren, ohne daran festzuhalten. Du kannst mit kurzen Meditationssitzungen beginnen, z. B. fünf Minuten pro Tag, und die Zeit allmählich erhöhen.

4. **Kreative Visualisierung:** Diese Technik beinhaltet das lebendige und detaillierte Vorstellen deiner Ziele und Wünsche. Du kannst die Augen schließen und dich selbst dabei visualisieren, wie du deine Ziele erreichst. Wenn du zum Beispiel den Wunsch hast, deine berufliche Karriere zu verbessern, visualisiere dich selbst in einer erfolgreichen und erfüllenden Position, in der du Tätigkeiten ausführst, die dich begeistern, und in der du von Kollegen und Vorgesetzten geschätzt wirst. Während der Visualisierung kannst du auch die Emotionen und die Freude spüren, die mit dem Erreichen dieser Ziele einhergehen.

5. **Praktik des bewussten Atmens:** Bewusstes Atmen ist eine einfache, aber kraftvolle Technik, um den Geist zu beruhigen und Stress abzubauen. Du kannst einige Minuten am Tag nutzen, um dich auf deine Atmung zu konzentrieren. Setze dich an einen ruhigen Ort, schließe die Augen und achte auf deine Atmung, indem du bewusst ein- und ausatmest. Beobachte, wie sich dein Bauch mit jedem Atemzug ausdehnt und zusammenzieht. Indem du dich auf deine Atmung konzentrierst, verbindest du dich mit dem gegenwärtigen Moment und beruhigst deinen Geist.

Denke daran, dass dies nur einige der Techniken sind, die du erkunden kannst, um eine gesunde Denkweise zu entwickeln. Es ist wichtig, diejenigen zu finden, die mit dir in Resonanz stehen, und sie regelmäßig zu üben. Wenn du diese Techniken in deinen täglichen Leben integrierst, wirst du feststellen, wie sich deine Denkweise stärkt, dein Selbstvertrauen steigt und dein allgemeines Wohlbefinden verbessert.

Nachdem du diese Techniken erkundet hast, ist es entscheidend, daran zu denken, dass die Entwicklung einer gesunden Denkweise Zeit und Übung erfordert. Lass dich nicht entmutigen, wenn du nicht sofortige Veränderungen siehst, da jeder Mensch einzigartig ist und der Prozess des persönlichen Wachstums allmählich ist. Setze dich weiterhin für dein emotionales und mentales Wohlbefinden ein, und im Laufe der Zeit wirst du die Vorteile einer gesunden und positiven Denkweise ernten.

6. AUFBAU GESUNDER BEZIEHUNGEN UND SOZIALER UNTERSTÜTZUNG

6.1 BEDEUTUNG EINES UNTERSTÜTZUNGSSYSTEMS IN DER GENESUNG

Bei der Genesung von Pornosucht kann die Bedeutung eines soliden Unterstützungssystems nicht unterschätzt werden. Sucht ist eine komplexe Herausforderung, und alleine damit umzugehen, kann überwältigend sein. Soziale Unterstützung von Menschen, die ähnliche Erfahrungen gemacht haben, sowie von geliebten Menschen spielt eine entscheidende Rolle für den Erfolg der Genesung.

Einer der Gründe, warum soziale Unterstützung so wichtig ist, liegt in der Natur der Sucht selbst. Pornosucht kann Gefühle von Scham, Schuld und Isolation hervorrufen. Viele Menschen, die mit dieser Sucht kämpfen, fühlen sich stigmatisiert und fürchten das Urteil anderer. Ein Unterstützungssystem, bestehend aus Menschen, die diesen Kampf verstehen und akzeptieren, kann diesen Zyklus der Isolation durchbrechen und ein Netzwerk von Unterstützung und Verständnis bieten.

Soziale Unterstützung hilft nicht nur dabei, das Gefühl der Einsamkeit zu verringern, sondern bietet auch eine Quelle der Motivation und Ermutigung in schwierigen Zeiten. Wenn du dich von Menschen umgeben kannst, die an deine Fähigkeit glauben, die Sucht zu überwinden, und dir bedingungslose Unterstützung bieten, steigt dein Selbstvertrauen und deine Motivation, voranzukommen. Diese Unterstützung kann von Freunden, Familienmitgliedern, Unterstützungsgruppen, Therapeuten oder anderen Fachleuten für psychische Gesundheit kommen.

Ein konkretes Beispiel für ein Unterstützungssystem bei der Genesung von Pornosucht ist die aktive Teilnahme an einer Selbsthilfegruppe. Diese Gruppen bieten einen sicheren und vertraulichen Raum, in dem Mitglieder ihre Erfahrungen, Herausforderungen und Erfolge teilen können. Durch den

Austausch mit Menschen, die ähnliche Situationen durchlaufen haben oder gerade durchmachen, entsteht eine Atmosphäre des Verständnisses und der Empathie. Selbsthilfegruppen können Informationen, Bewältigungsstrategien, Ratschläge und praktische Werkzeuge bieten, um spezifische Herausforderungen der Pornosucht zu bewältigen.

Neben der emotionalen Unterstützung und Motivation bietet ein Unterstützungssystem in der Genesung auch die Möglichkeit, von den Erfahrungen anderer zu lernen. Du kannst neue Ideen und Perspektiven erhalten, wirksame Ansätze für deine eigene Genesung entdecken und Anleitung von Menschen erhalten, die Nüchternheit und sexuelle Gesundheit erreicht haben.

Es ist wichtig zu betonen, dass der Aufbau eines soliden Unterstützungssystems Zeit und Anstrengung erfordert. Nicht alle Menschen in deinem sozialen Umfeld werden bereit oder in der Lage sein, die benötigte Unterstützung zu bieten, und das ist in Ordnung. Wähle sorgfältig aus, mit wem du deinen Kampf teilst, und suche nach denen, die dir einen sicheren und respektvollen Raum bieten. Zögere nicht, die Hilfe qualifizierter Fachleute in Anspruch zu nehmen, wenn du das Gefühl hast, dass du eine spezialisiertere Unterstützung für deine Genesung benötigst.

Zusammenfassend ist es für die Genesung von Pornosucht entscheidend, über ein Unterstützungssystem zu verfügen. Soziale Unterstützung bietet ein Netzwerk von Sicherheit, Verständnis und Unterstützung, um den Herausforderungen der Sucht entgegenzutreten. Es bietet einen Raum, in dem du deine Emotionen ausdrücken, Anleitung erhalten und praktische Werkzeuge zur Überwindung von Hindernissen auf deinem Weg zur Genesung erhalten kannst.

Darüber hinaus kann soziale Unterstützung dazu beitragen, Motivation und Verantwortung aufrechtzuerhalten. Wenn du Menschen hast, die dich ermutigen und unterstützen, fühlst du dich stärker verpflichtet und fokussiert auf dein Ziel, die Sucht zu überwinden. Das Teilen deiner Erfolge und Herausforderungen mit deinem Unterstützungssystem vermittelt ein Gefühl von Verbundenheit und Zugehörigkeit, was für dein emotionales und psychologisches Wohlbefinden von grundlegender Bedeutung ist.

In Bezug auf Partnerschaften und geliebte Menschen ist offene und ehrliche Kommunikation entscheidend für den Aufbau einer stabilen Beziehung während der Genesung. Es ist wichtig, dass du deine Gedanken, Gefühle und Bedürfnisse klar und respektvoll mit deinem Partner teilen kannst. Das Verständnis und die Unterstützung deines Partners können die Beziehung stärken und gegenseitiges Vertrauen fördern.

Die Entwicklung solider Beziehungen über die Pornosucht hinaus ist auch für deinen Genesungsprozess entscheidend. Du kannst nach Aktivitäten, Gruppen oder Gemeinschaften suchen, in denen du neue Interessen entwickeln, Menschen mit gesunden Denkweisen kennenlernen und bedeutungsvolle Verbindungen aufbauen kannst. Diese Beziehungen bieten Unterstützung, Inspiration und die Möglichkeit zu wachsen und sich außerhalb des Bereichs der Sucht weiterzuentwickeln.

Denke daran, dass der Aufbau gesunder Beziehungen und das Vorhandensein eines soliden Unterstützungssystems in deiner Genesung nicht bedeutet, ausschließlich von anderen abhängig zu sein. Es ist wichtig, Selbstfürsorge und Selbstmitgefühl zu entwickeln, um auf dem Weg zur Nüchternheit zu bleiben. Das Erlernen des Setzens von Grenzen, Stressbewältigung und die Fürsorge für dein körperliches und emotionales Wohlbefinden sind entscheidend für eine erfolgreiche Genesung.

Zusammenfassend ist es entscheidend, gesunde Beziehungen aufzubauen und über ein solides Unterstützungssystem zu verfügen, um die Genesung von Pornosucht zu unterstützen. Soziale Unterstützung bietet Verständnis, Motivation und praktische Werkzeuge zur Bewältigung der Herausforderungen. Offene und ehrliche Kommunikation mit deinem Partner und deinen geliebten Menschen stärkt Beziehungen, während das

Aufbauen neuer Verbindungen über die Sucht hinaus ein Gefühl der Zugehörigkeit und persönlichen Entwicklung bietet. Zögere nicht, die richtige Unterstützung zu suchen und ein Netzwerk von Menschen aufzubauen, die bereit sind, dich auf deinem Weg zur Nüchternheit und einem gesünderen Leben zu begleiten.

6.2 OFFENE UND EHRLICHE KOMMUNIKATION MIT DEM PARTNER UND DEN LIEBEN

Dieser Punkt ist entscheidend, um eine solide Beziehung während der Genesung von Pornosucht aufzubauen. Eine effektive Kommunikation ist die Grundlage für eine gesunde Beziehung und bedeutet in diesem Kontext, deine Gedanken, Gefühle und Bedürfnisse offen, ehrlich und respektvoll mit deinem Partner und deinen Lieben zu teilen.

Die Pornosucht kann einen erheblichen Einfluss auf die Beziehung zum Partner haben. Mangelnde Kommunikation und das Verbergen der Sucht können Misstrauen, Groll und emotionale Distanzierung erzeugen. Daher ist es entscheidend, das Problem auf ehrliche und transparente Weise anzugehen.

Hier sind einige Richtlinien, um eine offene und effektive Kommunikation mit deinem Partner und deinen Lieben zu fördern:

1. **Sei ehrlich und transparent:** Die Anerkennung und das Teilen deines Kampfes mit der Sucht erfordert Mut, ist aber der erste Schritt zum Aufbau einer soliden Beziehung. Sprich ehrlich über deine Sucht, erkläre, wie sie dich beeinflusst, und zeige dein Engagement, sie zu überwinden.

2. **Aktives Zuhören:** Effektive Kommunikation beinhaltet nicht nur das Ausdrücken deiner eigenen Bedürfnisse, sondern auch das aktive Zuhören deines Partners. Achte auf seine Sorgen, Gefühle und Standpunkte, ohne zu urteilen oder zu unterbrechen. Zeige Empathie und zeige, dass du seine Meinung schätzt.

3. **Setze Grenzen und Erwartungen:** Arbeite gemeinsam mit deinem Partner daran, klare Grenzen in Bezug auf die Sucht und Verhaltensweisen, die das Problem auslösen, festzulegen. Definiere, welche Verhaltensweisen inakzeptabel sind und welche Unterstützung du von deinem Partner während des

Genesungsprozesses benötigst.

4. **Suche bei Bedarf professionelle Hilfe:** In einigen Fällen kann es hilfreich sein, die Unterstützung eines Therapeuten oder Suchtberaters in Anspruch zu nehmen. Ein qualifizierter Experte kann Anleitung und Werkzeuge bieten, um die Kommunikation in der Beziehung zu verbessern und den Genesungsprozess zu unterstützen.

5. **Praktiziere Empathie und Verständnis:** Es ist wichtig zu verstehen, dass dein Partner aufgrund deiner Sucht ebenfalls komplexe Emotionen erleben kann. Zeige Empathie für seine Gefühle, höre seine Sorgen an und arbeite gemeinsam an Lösungen und gegenseitiger Unterstützung.

Ein Beispiel dafür, wie man offene und ehrliche Kommunikation in einer Beziehung anwenden kann:

David und Anna sind seit mehreren Jahren zusammen, aber in letzter Zeit kämpft David mit Pornosucht. Er erkennt, dass es wichtig ist, mit seinem Partner über sein Problem zu sprechen, um ihre Beziehung zu stärken und gegenseitige Unterstützung zu suchen.

Eines Tages setzt sich David mit Anna zusammen und erklärt ihr ehrlich seine Schwierigkeiten mit der Pornosucht. Er erzählt ihr, wie sich dies auf sein Leben und ihre Beziehung ausgewirkt hat, und erkennt an, dass er Hilfe braucht, um es zu überwinden. Anna hingegen hört David aufmerksam zu und zeigt Verständnis und Empathie.

Beide beschließen, klare Grenzen in ihrer Beziehung festzulegen, wie z. B. die Vermeidung der Nutzung von elektronischen Geräten zu bestimmten Zeiten oder an bestimmten Orten, und sie vereinbaren eine offene Kommunikation über Auslöser oder Probleme, die auftreten können. Sie beschließen auch, professionelle therapeutische Unterstützung zu suchen, um gemeinsam mit Davids Sucht umzugehen. Sie verpflichten sich, eine konstante und ehrliche Kommunikation aufrechtzuerhalten, indem sie ihre Gefühle, Bedenken und Fortschritte während des

Genesungsprozesses teilen.

Während David und Anna die offene und ehrliche Kommunikation praktizieren, erleben sie eine Stärkung ihrer Beziehung. Sie fühlen sich emotional stärker verbunden und vertrauen darauf, dass sie gemeinsam die Herausforderungen der Sucht bewältigen können. Die offene Kommunikation bietet ihnen die Möglichkeit, einander besser zu verstehen, sich in schwierigen Zeiten zu unterstützen und Fortschritte in der Genesung zu feiern.

Es ist wichtig zu betonen, dass offene und ehrliche Kommunikation kein einfacher Prozess ist. Es erfordert Anstrengung, Geduld und Engagement von beiden Partnern. Wenn jedoch ein Umfeld des Vertrauens und Respekts geschaffen wird, wird effektive Kommunikation zu einer unschätzbaren Ressource, um die Sucht zu überwinden und eine solide und gesunde Beziehung aufzubauen.

Denke daran, dass jede Beziehung einzigartig ist, daher ist es wichtig, die Kommunikationsstrategien an die spezifischen Bedürfnisse und Dynamiken deiner Beziehung anzupassen. Suche die angemessene Unterstützung, bleibe offen und empfänglich und arbeite gemeinsam mit deinem Partner daran, die Kommunikation zu stärken und die Herausforderungen der Sucht zu bewältigen.

Im nächsten Punkt, 6.3 Aufbau stabiler Beziehungen jenseits der Pornografie, werden wir die Bedeutung erörtern, dein soziales Netzwerk zu erweitern und gesunde Verbindungen in verschiedenen Bereichen deines Lebens aufzubauen.

6.3 AUFBAU STABILER BEZIEHUNGEN JENSEITS DER PORNOGRAFIE

Die Pornosucht kann sich erheblich auf soziale Beziehungen auswirken und die Fähigkeit beeinträchtigen, gesunde Verbindungen jenseits der virtuellen Welt aufzubauen. Wenn eine Person in den Kreislauf der Sucht gefangen ist, vernachlässigt sie oft soziale Interaktionen oder meidet sie sogar, was zu Isolation und Einsamkeit führen kann.

Es ist entscheidend, die Bedeutung des Aufbaus stabiler und gesunder Beziehungen als Teil des Genesungsprozesses anzuerkennen. Diese Beziehungen bieten nicht nur emotionale Unterstützung, sondern helfen auch dabei, ein Gefühl der Zugehörigkeit herzustellen, das persönliche Wachstum zu fördern und Möglichkeiten zur Entwicklung sozialer Fähigkeiten zu bieten.

Hier sind einige Strategien, die du anwenden kannst, um stabile Beziehungen jenseits der Pornografie aufzubauen:

1. **Erweitere deinen sozialen Kreis:** Suche nach Gelegenheiten, um neue Menschen kennenzulernen und an Aktivitäten teilzunehmen, die dich interessieren. Du kannst dich Gruppen mit gemeinsamen Interessen anschließen, an lokalen Veranstaltungen teilnehmen, sportliche oder kulturelle Aktivitäten durchführen oder sogar ehrenamtlich tätig sein. Indem du deinen sozialen Kreis erweiterst, wirst du verschiedenen Perspektiven und Erfahrungen ausgesetzt und bereicherst dein Leben, während du neue bedeutsame Beziehungen aufbaust.

2. **Fördere Authentizität:** Um stabile Beziehungen aufzubauen, ist es wichtig, authentisch zu sein und dein wahres Selbst zu zeigen. Vermeide es, deine Vergangenheit mit Pornosucht zu verbergen, da Ehrlichkeit die Bindungen zu Menschen stärken wird, die

dich wirklich akzeptieren und in deinem Genesungsprozess unterstützen. Authentizität ermöglicht es dir, tiefere und lang anhaltende Verbindungen herzustellen.

3. **Setze gesunde Grenzen:** Wenn du dich auf den Genesungsweg begibst, ist es wichtig, gesunde Grenzen in deinen Beziehungen zu setzen. Das bedeutet, deine Bedürfnisse zu kommunizieren, persönliche Grenzen zu setzen und klare Grenzen in Bezug auf Verhaltensweisen zu setzen, die die Sucht auslösen können. Das Setzen gesunder Grenzen hilft dir dabei, ein unterstützendes Umfeld aufrechtzuerhalten und Situationen zu vermeiden, die zu Rückfällen führen könnten.

4. **Übe Empathie und aktives Zuhören:** Eine wichtige Fähigkeit beim Aufbau stabiler Beziehungen ist die Fähigkeit, empathisch zu sein und aktiv zuzuhören. Empathie ermöglicht es dir, die Erfahrungen und Emotionen anderer zu verstehen und eine Atmosphäre des Verständnisses und der gegenseitigen Unterstützung zu schaffen. Aktives Zuhören bedeutet, dem anderen aufmerksam zuzuhören, ohne zu urteilen oder zu unterbrechen, und stärkt die Qualität der Kommunikation und die emotionale Verbindung.

5. **Pflege bedeutsame Beziehungen:** Identifiziere die Menschen in deinem Leben, die dir echte Unterstützung und positive Einflüsse bieten. Pflege diese Beziehungen, indem du Zeit und Energie in sie investierst. Diese Beziehungen können deinen Partner, enge Freunde, Familienmitglieder oder sogar einen Mentor oder Therapeuten umfassen. Indem du dich auf qualitativ hochwertige Beziehungen konzentrierst, umgibst du dich mit Menschen, die dich auf deinem Genesungsweg unterstützen und dich dazu inspirieren, zu wachsen.

6. **Suche nach Unterstützungsgruppen:** Das Suchen nach spezifischen Unterstützungsgruppen für Pornosucht kann im Prozess des Aufbaus stabiler Beziehungen jenseits davon sehr hilfreich sein. Diese Gruppen bringen Menschen zusammen, die ähnliche Erfahrungen teilen, und bieten eine sichere Umgebung,

in der du Herausforderungen teilen, emotionale Unterstützung erhalten und von den Erfahrungen anderer lernen kannst. Die Teilnahme an Unterstützungsgruppen ermöglicht es dir, dich mit Menschen zu verbinden, die deine Kämpfe verstehen, und bietet einen Raum des Verständnisses und der Ermutigung.

Stelle dir vor, es gibt einen Mann namens Markus, der seit Jahren gegen die Pornosucht kämpft. Im Verlauf seiner Genesung erkennt er die Bedeutung des Aufbaus stabiler Beziehungen jenseits der Welt der Pornografie. Markus entscheidet sich, einer örtlichen Selbsthilfegruppe für Menschen beizutreten, die ebenfalls mit der Sucht kämpfen. In dieser Gruppe lernt er einen anderen Teilnehmer namens Timo kennen, der ähnliche Erfahrungen gemacht hat.

Markus und Timo beginnen, ihre Herausforderungen, Erfolge und Strategien zum Vermeiden von Pornografie zu teilen. Mit der Zeit erkennen sie, dass sie auch andere gemeinsame Interessen und Werte teilen. Sie beschließen, gemeinsam Aktivitäten wie Fitnessstudio, Spaziergänge und gemeinsame Hobbys zu unternehmen. Ihre Freundschaft stärkt sich im Laufe der Zeit, und Markus findet in Timo eine wertvolle Unterstützung, auf die er sich verlassen und in seinem Genesungsprozess vertrauen kann.

Der Prozess des Aufbaus gesunder Beziehungen und eines starken sozialen Unterstützungssystems während der Genesung von Pornosucht kann Zeit und Anstrengung erfordern. Es ist wichtig zu bedenken, dass jeder Mensch einzigartig ist und unterschiedliche Bedürfnisse und Umstände haben kann. Dränge dich nicht dazu, schnell Beziehungen aufzubauen, da Qualität und Authentizität wichtiger sind als Quantität.

Erinnere dich daran, dass das Ziel darin besteht, sich von Menschen umgeben zu lassen, die dich auf deinem Weg zur Genesung unterstützen und dazu ermutigen, als Individuum zu wachsen. Stabile und gesunde Beziehungen können dir die emotionale Unterstützung, das Verständnis und die Motivation bieten, die du benötigst, um dich auf deine Genesung zu konzentrieren und die Herausforderungen zu überwinden, die auftreten können.

Habe keine Angst, professionelle Hilfe zu suchen, wenn du das Gefühl hast, dass du zusätzliche Anleitung beim Aufbau gesunder Beziehungen benötigst oder wenn du mit der Pornosucht kämpfst. Therapeuten und Suchtberater können dir spezifische Werkzeuge und Strategien bieten, um diese Herausforderungen anzugehen und dich auf dem Weg zu einem erfüllten und ausgeglichenen Leben zu unterstützen.

Denke daran, dass der Aufbau stabiler Beziehungen jenseits der Pornografie nicht nur zum Genesungsprozess beiträgt, sondern auch die Möglichkeit bietet, echte Verbindungen, persönliches Wachstum und ein insgesamt erfüllteres und zufriedeneres Leben zu erleben.

7. DIE MACHT DER GEWOHNHEITEN UND DISZIPLIN

7.1 DURCHBRECHEN VON SÜCHTIG MACHENDEN VERHALTENSMUSTERN

Im Prozess der Genesung von der Pornosucht ist es entscheidend, süchtig machende Verhaltensmuster zu durchbrechen, um eine nachhaltige Transformation zu erreichen. Süchtige Verhaltensmuster sind tief verwurzelte Gewohnheiten, die sich im Laufe der Zeit entwickelt haben und die Sucht aufrechterhalten. Das Durchbrechen dieser Muster erfordert Bewusstsein, Engagement und effektive Strategien.

Wenn wir von süchtig machenden Verhaltensmustern sprechen, meinen wir automatische und wiederholte Handlungen, die als Reaktion auf bestimmte Reize oder Auslöser ausgelöst werden. Diese Muster sind schwer zu durchbrechen aufgrund der Verknüpfung zwischen dem Reiz und der Befriedigung, die durch Pornografie erreicht wird. Es ist jedoch möglich, diese Muster zu unterbrechen und sie durch gesündere und konstruktivere Verhaltensweisen zu ersetzen.

1. **Erkennen der Auslöser:** Der erste Schritt, um süchtige Verhaltensmuster zu durchbrechen, besteht darin, die Auslöser zu identifizieren, die dazu führen, dass du auf Pornografie zurückgreifst. Die Auslöser können Situationen, Emotionen, Gedanken oder alles sein, was den Impuls zur Suche nach Befriedigung durch Pornografie auslöst. Indem du diese Auslöser erkennst, kannst du wachsamer und bewusster sein, wann sie auftreten, und Maßnahmen ergreifen, um nicht in die Sucht abzurutschen.

2. **Entwicklung gesunder Bewältigungsstrategien:** Sobald du die Auslöser identifiziert hast, ist es wichtig, gesunde Bewältigungsstrategien zu entwickeln, um mit ihnen umzugehen. Diese Strategien können alternative Aktivitäten beinhalten, die dir Zufriedenheit und Wohlbefinden bieten, wie

körperliche Bewegung, Meditation, Lesen, soziale Interaktion oder Kunst. Indem du bewusst positive und konstruktive Aktivitäten wählst, kannst du süchtige Verhaltensweisen durch gesündere Gewohnheiten ersetzen.

3. **Veränderung der Umgebung:** Die Umgebung spielt eine wichtige Rolle bei der Sucht, da bestimmte Orte, Menschen oder Situationen süchtige Verhaltensmuster auslösen können. Identifiziere und verändere die Aspekte deiner Umgebung, die dich der Versuchung von Pornografie aussetzen. Dies kann das Vermeiden bestimmter Orte, das Setzen von Grenzen gegenüber Menschen, die Auslöser sein können, oder sogar die Änderung deiner täglichen Routine beinhalten, um Situationen zu vermeiden, die dich in die Sucht führen könnten.

Stelle dir Daniel vor, der seit Jahren gegen Pornosucht kämpft. Er hat festgestellt, dass Langeweile einer seiner Hauptauslöser ist. Wenn er sich langweilt, neigt er dazu, auf Pornografie zurückzugreifen, um sofortige Stimulation und Befriedigung zu suchen. Um dieses Muster zu durchbrechen, hat Daniel alternative Aktivitäten identifiziert, die ihm Zufriedenheit und gesunde Ablenkung bieten, wie das Lesen interessanter Bücher, Sport treiben und neue Fähigkeiten erlernen.

Zusätzlich hat Daniel beschlossen, seine Umgebung zu verändern, indem er jegliches pornografisches Material aus dem Blickfeld entfernt und Filter auf seinen elektronischen Geräten einrichtet, um versehentliche Exposition zu vermeiden. Er hat auch die Entscheidung getroffen, bei der Auswahl seiner Freundschaften selektiver zu sein und soziale Kreise zu meiden, die den Konsum von Pornografie normalisieren.

Daniel hat sich verpflichtet, diese gesunden Bewältigungsstrategien jedes Mal umzusetzen, wenn er in Versuchung gerät, auf Pornografie zurückzugreifen. Er erkennt, dass das Durchbrechen süchtig machender Verhaltensmuster kein einfacher Prozess ist und Ausdauer und Entschlossenheit erfordert. Er ist jedoch überzeugt, dass es möglich ist, sich zu verändern und ein Leben frei von Sucht aufzubauen.

Das Durchbrechen süchtig machender Verhaltensmuster ist entscheidend, um die Pornosucht zu überwinden. Durch das Erkennen der Auslöser, die Entwicklung gesunder Bewältigungsstrategien und die Veränderung der Umgebung ist es möglich, süchtige Muster zu unterbrechen und durch gesündere Gewohnheiten zu ersetzen. Jeder Mensch hat seinen eigenen Weg zur Genesung, und es ist wichtig zu bedenken, dass es sich um einen schrittweisen Prozess handelt, der Einsatz und Ausdauer erfordert. Mit Entschlossenheit und den richtigen Werkzeugen ist es jedoch möglich, süchtige Muster zu durchbrechen und ein erfülltes Leben frei von Sucht aufzubauen.

Im nächsten Abschnitt werden wir Punkt 7.2 behandeln: Die Schaffung neuer gesunder Gewohnheiten, in dem wir konkrete Strategien erkunden, um positive Routinen zu etablieren, die den Genesungsprozess unterstützen.

7.2 SCHAFFUNG NEUER GESUNDER GEWOHNHEITEN

Die Schaffung neuer gesunder Gewohnheiten spielt eine wesentliche Rolle im Genesungsprozess von der Pornographiesucht. Indem alte suchterzeugende Gewohnheiten durch neue positive Verhaltensweisen ersetzt werden, stärkt man die Widerstandsfähigkeit und legt eine solide Grundlage für den Weg der Genesung.

Die Veränderung von Gewohnheiten erfordert Zeit, Geduld und Engagement. Hier sind einige effektive Strategien, um dir bei der Schaffung neuer gesunder Gewohnheiten zu helfen:

1. **Identifiziere deine Ziele:** Bevor du neue Gewohnheiten etablierst, ist es wichtig, klare Ziele und Absichten zu haben. Frage dich selbst, welche Veränderungen du in deinem Leben erreichen möchtest und wie diese zur Genesung beitragen. Ob es darum geht, das Selbstwertgefühl zu stärken, persönliche Beziehungen zu verbessern oder neue Möglichkeiten zur Freizeitgestaltung zu finden – definiere deine Ziele spezifisch und realistisch.

2. **Fange langsam an:** Der Versuch, alle Gewohnheiten auf einmal zu ändern, kann überwältigend und demotivierend sein. Anstatt dessen wähle eine spezifische gesunde Gewohnheit aus, mit der du beginnen möchtest, und konzentriere dich für einen bestimmten Zeitraum darauf. Zum Beispiel könntest du damit beginnen, eine regelmäßige Trainingsroutine einzuführen oder täglich Zeit für kreative Aktivitäten einzuplanen. Sobald du dich mit dieser neuen Gewohnheit wohlfühlst und stabilisiert hast, kannst du weitere Gewohnheiten hinzufügen.

3. **Setze Erinnerungen und Routinen ein:** Kontinuität ist der Schlüssel zur Gewohnheitsbildung. Lege visuelle oder auditive Erinnerungen fest, die dich daran erinnern, die neue Aktivität auszuführen. Du kannst Alarme auf deinem Telefon verwenden,

Haftnotizen an strategischen Orten anbringen oder die neue Aktivität mit einer bestehenden Routine verknüpfen. Wenn du zum Beispiel Meditation in deine tägliche Routine integrieren möchtest, könntest du dies direkt nach dem Aufwachen oder vor dem Zubettgehen tun.

4. **Stelle dir den Erfolg vor:** Die Vorstellungskraft ist eine kraftvolle Technik, die dir hilft, deine Motivation und Hingabe zu stärken. Schließe die Augen und stelle dir lebhaft vor, wie es sich anfühlt, die neue Aktivität konsequent durchzuführen und wie dies zu deinem allgemeinen Wohlbefinden beiträgt. Visualisiere dich dabei, wie du die Vorteile dieser neuen Gewohnheit genießt und Versuchungen oder Herausforderungen auf dem Weg überwindest.

5. **Finde Unterstützung und Verantwortung:** Unterstützung von anderen Menschen, die einen ähnlichen Prozess durchlaufen oder deine Situation verstehen, kann von unschätzbarem Wert sein. Suche nach Unterstützungsgruppen, Einzel- oder Gruppentherapie oder Online-Communities, in denen du deine Erfahrungen teilen, Ratschläge erhalten und Unterstützung spüren kannst. Darüber hinaus erwäge die Möglichkeit, einen Mentor oder jemanden zu finden, der dich unterstützt und dir hilft, bei der Etablierung neuer gesunder Gewohnheiten verantwortlich zu bleiben.

Stellen wir uns Fritz vor, der sich in seinem Genesungsprozess engagiert hat und neue gesunde Gewohnheiten schaffen möchte, um sich von Pornografie fernzuhalten. Er identifiziert körperliche Aktivität als eine Aktivität, die er in seinen täglichen Leben integrieren möchte.

Um anzufangen, setzt Fritz ein realistisches Ziel, mindestens 30 Minuten pro Tag Sport zu treiben. Er beginnt langsam und wählt Aktivitäten, die er genießt, wie Laufen, Yoga oder Gewichtheben. Fritz stellt einen Erinnerungsalarm auf seinem Telefon ein, der ihn jeden Tag zur gleichen Zeit daran erinnert, Sport zu treiben.

Darüber hinaus nutzt Fritz die Visualisierungstechnik, um sich zu motivieren. Vor jeder Trainingseinheit schließt er die Augen und stellt sich lebhaft vor, wie er sich energiegeladen, gesund und stolz fühlt, weil er seinem Engagement für körperliche Aktivität treu bleibt. Er visualisiert, wie sich sein Körper stärkt, wie sich seine Stimmung verbessert und wie er der Versuchung, auf Pornografie zurückzugreifen, widersteht.

Um Unterstützung und Verantwortung zu finden, schließt sich Fritz einer Sportgruppe in seiner Gemeinschaft an. Dort lernt er andere Menschen kennen, die sich ebenfalls einem gesunden Lebensstil verpflichtet haben. Sie teilen ihre Erfolge, Herausforderungen und Motivation, was Fritz ein Gefühl von Gemeinschaft und Unterstützung auf seinem Weg zur Schaffung dieser neuen Gewohnheit gibt.

Während Fritz sich engagiert und seine Trainingsroutine beibehält, beginnt er die Vorteile seiner neuen Gewohnheit zu erleben. Er fühlt sich energiegeladener, schläft nachts besser und bemerkt Verbesserungen in seiner körperlichen und geistigen Gesundheit. Dieser Erfolg motiviert ihn, weiterzumachen und weitere gesunde Gewohnheiten zu erkunden, die zu seiner Genesung und allgemeinen Wohlbefinden beitragen.

Die Schaffung neuer gesunder Gewohnheiten erfordert Anstrengung und Engagement, aber je mehr du dich auf positive Veränderungen konzentrierst, desto mehr werden diese Gewohnheiten verwurzelt und natürlich. Denke daran, dass jeder kleine Schritt in die richtige Richtung dich näher zu einem ausgewogenen Leben und einer Freiheit von Pornografie-Sucht bringt.

Nachdem wir die Strategien zur Schaffung neuer gesunder Gewohnheiten erkundet haben, ist es wichtig, Disziplin und Motivation im Genesungsprozess aufrechtzuerhalten. Im nächsten Abschnitt werden wir besprechen, wie man auf dem Weg zu einem gesunden Leben bleibt und sich von der Sucht fernhält.

7.3 DISZIPLIN UND MOTIVATION IM GENESUNGSPROZESS AUFRECHTERHALTEN

Sich einer Sucht zu stellen erfordert Entschlossenheit, Ausdauer und kontinuierliches Engagement. Während du dich auf den Genesungsprozess von Pornografiesucht einlässt, ist es wichtig zu erkennen, dass Disziplin und Motivation entscheidend sind, um Herausforderungen zu überwinden und langfristige Ergebnisse zu erzielen.

Disziplin bedeutet, in deinen Entscheidungen und Gewohnheiten standhaft zu bleiben, selbst wenn Versuchungen oder Schwierigkeiten auftreten. Es beinhaltet das Setzen von Grenzen, das Einhalten von Verpflichtungen und den Widerstand gegen den Rückfall in suchterzeugende Muster. Andererseits ist Motivation der Antrieb, der dein Verlangen nach Veränderung antreibt und dich auf deine Genesungsziele fokussiert hält.

Hier sind einige Strategien, die du anwenden kannst, um Disziplin und Motivation im Genesungsprozess aufrechtzuerhalten:

1. **Verbinde dich mit deinem Zweck:** Reflektiere über deine Motivation, die Pornografiesucht zu überwinden. Was hat dich dazu gebracht, nach Veränderung zu suchen? Verbinde dich mit deinem tieferen Zweck, deinen Werten und langfristigen Zielen. Dies wird dir helfen, die Motivation aufrechtzuerhalten, wenn du auf Herausforderungen und Versuchungen stößt.

2. **Setze realistische Ziele:** Definiere spezifische und erreichbare Ziele in deinem Genesungsprozess. Diese Ziele können die Reduzierung der Zeit, die du der Pornografie widmest, das Entwickeln von Bewältigungsstrategien für Stress oder die Verbesserung deines emotionalen Wohlbefindens umfassen. Stelle sicher, dass deine Ziele realistisch und messbar sind, damit du deinen Fortschritt überwachen und erreichte Erfolge feiern kannst.

3. **Erstelle einen Aktionsplan:** Entwickle einen detaillierten Plan, der dich in deinem Genesungsprozess führt. Identifiziere Strategien und Werkzeuge, die dir helfen, Auslöser zu bewältigen, mit schwierigen Emotionen umzugehen und suchtgefährdende Muster durch gesunde Verhaltensweisen zu ersetzen. Ein solider Plan gibt dir eine Struktur und erinnert dich in Momenten der Versuchung an deine nächsten Schritte.

4. **Suche Unterstützung:** Die Unterstützung von Menschen, die deine Kämpfe verstehen und dich in deinem Genesungsprozess ermutigen, ist von unschätzbarem Wert. Suche nach Unterstützungsgruppen, spezialisierten Therapeuten oder vertrauenswürdigen Personen in deinem Leben, mit denen du deine Erfahrungen teilen, Rat erhalten und Ermutigung finden kannst. Die Verbindung zu anderen, die ähnliche Situationen durchgemacht haben, kann dir ein Gefühl der Zugehörigkeit und Stärke geben.

5. **Praktiziere Selbstfürsorge:** Sorge in allen Aspekten für dich selbst: körperlich, emotional und mental. Das beinhaltet eine gesunde Ernährung, regelmäßige körperliche Bewegung, ausreichend Schlaf und Zeit für Aktivitäten, die dir Freude und Entspannung bringen. Eine gute Selbstfürsorge hilft dir, ein Gleichgewicht in deinem Leben zu halten und dein allgemeines Wohlbefinden zu stärken.

Denke daran, dass der Weg zur Genesung nicht linear ist und es Hindernisse geben kann. Wenn du einen Rückfall erlebst, bestrafe dich nicht selbst und lass dich nicht entmutigen. Nutze stattdessen diese Erfahrung als Chance zum Lernen, passe deine Strategie an und gehe mit erneuter Entschlossenheit weiter.

Disziplin und Motivation im Genesungsprozess aufrechtzuerhalten erfordert Zeit, Anstrengung und kontinuierliches Engagement. Aber erinnere dich daran, dass jeder Schritt, den du in Richtung eines lebensfreien von Sucht machst, ein bedeutender Erfolg ist. Gehe weiter voran und vertraue dir selbst, denn du verdienst ein erfülltes und gesundes

Leben!

TEIL III: EIN NEUER WEG ZUR FREIHEIT

Du hast eine lange Strecke auf deiner Genesungsreise zurückgelegt, und jetzt ist es an der Zeit, einen Sprung in ein erfülltes und bedeutsames Leben zu wagen. In diesem letzten Abschnitt des Buches werden wir die Werkzeuge und Strategien erkunden, die notwendig sind, um die vollständige Freiheit von der Pornografiesucht zu erreichen.

Es ist verständlich, dass der Weg bis jetzt herausfordernd war. Du hast dich deinen eigenen Dämonen gestellt, deine Schwächen konfrontiert und emotionale Aufs und Abs erlebt. Aber ich möchte dich daran erinnern, dass du stärker bist, als du glaubst, und die Macht hast, dein Leben auf außergewöhnliche Weise zu transformieren.

Jetzt ist es an der Zeit, deine Authentizität anzunehmen und dich von den Ketten der Sucht zu befreien. Akzeptiere nicht weniger, als du verdienst. Entdecke dein wahres Ich, jene Person voller Leidenschaften und Potenziale, die darauf wartet, befreit zu werden. Habe keine Angst, groß zu träumen und inspirierende und bedeutungsvolle Ziele zu setzen, die dich vorantreiben.

Denke daran, dass persönliche Transformation eine kontinuierliche Reise ist. Es gibt keine Abkürzungen oder schnellen Lösungen. Dennoch wird jeder Schritt, den du auf diesem neuen Weg machst, dich näher an das Leben bringen, das du schon immer führen wolltest.

Im Laufe der Kapitel, die wir gemeinsam erkunden werden, findest du praktische Werkzeuge, um dein emotionales und körperliches Wohlbefinden zu pflegen, eine

Wachstumsmentalität zu entwickeln, gesunde und liebevolle Beziehungen aufzubauen und deinen Fortschritt zu feiern, während du deine Freiheit bewahrst.

Denke daran, dass du von einem Unterstützungsteam umgeben bist, bestehend aus Menschen, die dich lieben und sich um dich sorgen. Und obwohl der Weg manchmal herausfordernd sein kann, ermutige ich dich, die Stärke und Entschlossenheit zu finden, voranzugehen, auch wenn Hindernisse auftauchen.

Die Freiheit liegt in deinen Händen, und ich ermutige dich, sie mit ganzem Herzen anzunehmen. Ich freue mich darauf, dich auf diesem letzten Abschnitt deiner Reise zu einem erfüllten, authentischen und möglicherreichem Leben zu begleiten.

Vorwärts, tapferer Kämpfer! Die Welt erwartet dich mit offenen Armen, und eine Zukunft voller Versprechen wartet auf dich. Gemeinsam werden wir einen neuen Weg zur Freiheit gestalten, der es dir ermöglicht, in voller Pracht zu erstrahlen.

8. DIE WIEDERHERSTELLUNG EINER GESUNDEN SEXUALITÄT

8.1 SEXUELLE UMERZIEHUNG UND ERFORSCHUNG EINER POSITIVEN SEXUALITÄT

In diesem spannenden Kapitel werden wir uns dem transformierenden Prozess der sexuellen Umerziehung und der Erforschung einer positiven Sexualität widmen. Nachdem wir mit der Pornographiesucht gekämpft haben, ist es nun an der Zeit, eine neue Perspektive anzunehmen und eine gesunde und bereichernde Beziehung zu unserer Sexualität aufzubauen.

Die sexuelle Umerziehung beinhaltet das Ablernen schädlicher Verhaltensmuster und ihre Ersetzung durch eine ausgewogenere und bewusstere Sichtweise auf unsere Sexualität. Es ist eine Reise der Selbsterforschung und persönlichen Entwicklung, die es uns ermöglicht, auf authentischere und befriedigendere Weise eine Verbindung zu unserem Körper, unseren Emotionen und unseren intimen Beziehungen herzustellen.

Im Folgenden werden einige Schlüsselstrategien zur Unterstützung der sexuellen Umerziehung und der Erforschung einer positiven Sexualität erkundet:

1. **Ganzheitliche Sexualerziehung:** Es ist entscheidend, genaue und aktuelle Kenntnisse über Anatomie, Physiologie und sexuelle Funktionen zu erlangen. Dies hilft uns, unsere eigene Sexualität besser zu verstehen und Mythen und Stereotypen herauszufordern, die wir internalisiert haben.

2. **Offene und ehrliche Kommunikation:** Klare und tabufreie Kommunikation ist entscheidend für den Aufbau gesunder und erfüllender Beziehungen. Das Erlernen, unsere Bedürfnisse, Wünsche und Grenzen auszudrücken, sowie das Zuhören und Respektieren derer unserer Partnerin oder unseres Partners fördert emotionale Intimität und innige Verbindung.

3. **Selbstexploration und Entdeckung:** Sich Zeit nehmen, um unseren eigenen Körper, unsere Wünsche und Fantasien

zu erkunden, kann eine befreiende Erfahrung sein. Durch Selbstexploration können wir mehr über unsere Vorlieben erfahren und neue Wege entdecken, um Lust zu empfinden.

4. **Vertrauen und gegenseitigen Respekt aufbauen:** Den Aufbau eines Vertrauens- und Respektverhältnisses mit unserem Partner oder unserer Partnerin ist entscheidend für eine positive Sexualität. Das bedeutet, Grenzen und Einverständnisse zu respektieren, empathisch zu sein und bereit zu sein, gemeinsam zu wachsen.

5. **Achtsamkeitspraktiken:** Achtsamkeit ermöglicht es uns, im Moment präsent zu sein, mit unseren körperlichen und emotionalen Empfindungen in Einklang zu kommen und das sexuelle Erleben in vollen Zügen zu genießen. Achtsamkeit befreit uns von Ablenkungen und Sorgen und verbindet uns mit Freude und Intimität im Hier und Jetzt.

6. **Graduelle Experimentation:** Bei der sexuellen Umerziehung ist es wichtig zu beachten, dass jeder Mensch sein eigenes Tempo und seine eigenen Vorlieben hat. Durch schrittweises und respektvolles Experimentieren können wir neue Praktiken und Herangehensweisen entdecken, die uns Zufriedenheit und Wohlbefinden bieten.

Ein Beispiel dafür, wie wir diese Strategien in der sexuellen Umerziehung anwenden können, ist die Praxis des "sexuellen Dialogs". Diese Technik beinhaltet das Schaffen eines sicheren und offenen Raums mit unserem Partner oder unserer Partnerin, um über unsere sexuellen Wünsche, Fantasien und Bedenken zu sprechen. Durch diese offene Kommunikation können wir unsere Erwartungen abgleichen, neue Lustwege entdecken und kreative Lösungen finden, um unser Sexualleben zu verbessern.

Denke daran, dass die sexuelle Umerziehung ein individueller und einzigartiger Prozess für jede Person ist. Es gibt keine einzige und endgültige Formel, aber durch Bereitschaft zur Erforschung und zum Lernen können wir eine authentische und erfüllende Sexualität entdecken, die uns Zufriedenheit und Wohlbefinden bringt.

Während wir in diesem Kapitel voranschreiten, lade ich dich ein, eine Mentalität der Neugierde, Offenheit und Selbstliebe anzunehmen. Erlaube dir, deine Sexualität auf eine Weise zu erkunden, die dich stärkt und dich vollständig und erfüllt fühlen lässt.

Ich freue mich darauf, Teil deiner Reise zu einer positiven Sexualität zu sein und dich bei jedem Schritt des Weges zu unterstützen. Gemeinsam können wir alte Überzeugungen herausfordern, Hindernisse überwinden und eine authentische und bereichernde Sexualität umarmen. Lasst uns voranschreiten in eine Zukunft voller Liebe, Intimität und Erfüllung!

8.2 KULTIVIERUNG EMOTIONALER INTIMITÄT UND INTIMER VERBINDUNG IN DER PARTNERSCHAFT

Die Pornographiesucht kann einen bedeutenden Einfluss auf die emotionale Intimität und die intime Verbindung in einer Partnerschaft haben. Das Vertrauen kann erodieren, die Emotionen können von Schmerz geprägt sein und die Kommunikation kann angespannt und schwierig werden. Dennoch ist es möglich, die emotionale Intimität wieder aufzubauen und die intime Verbindung zu stärken, während man den Genesungsprozess durchläuft.

Um die emotionale Intimität und die intime Verbindung in der Partnerschaft zu kultivieren, können die folgenden Strategien in Betracht gezogen werden:

1. **Aktives Zuhören praktizieren:** Aktives Zuhören bedeutet, echte Aufmerksamkeit für das, was der andere sagt, zu zeigen und Interesse sowie Empathie zu vermitteln. Beim praktizieren des aktiven Zuhörens ist es wichtig:

- Unterbrechungen vermeiden: Dem Partner ermöglichen, sich vollständig auszudrücken, ohne Unterbrechungen, zeigt Respekt und Bereitschaft, seine Gedanken und Gefühle zu verstehen.

- Gefühle validieren: Die Gefühle des anderen anerkennen und validieren, auch wenn man nicht übereinstimmt, schafft einen sicheren Raum für emotionale Ausdruck und stärkt die emotionale Bindung in der Partnerschaft.

- Offene Fragen stellen: Das Stellen offener Fragen fördert die Exploration und tiefgreifenden Dialog. Diese Fragen laden den Partner ein, mehr über seine Gedanken, Gefühle und Erfahrungen zu teilen, was zu einer größeren emotionalen Intimität beiträgt.

Beispiel: Statt mit einem einfachen "Ja" oder "Nein" auf eine

Frage des Partners zu antworten, könnte man sagen: "Erzähl mir mehr darüber, wie du dich dabei fühlst" oder "Was hat dich dazu gebracht, so zu denken?" Dies ermutigt den Partner, mehr zu teilen und das Gespräch zu vertiefen.

2. **Zuneigung und Wertschätzung zeigen:** Liebe und Wertschätzung auszudrücken, ist entscheidend, um die intime Verbindung in der Partnerschaft zu kultivieren. Einige Möglichkeiten, Zuneigung und Wertschätzung zu zeigen, sind:

- Körperliche Zärtlichkeiten: Umarmungen, Küsse, Streicheleinheiten und körperlicher Kontakt im Allgemeinen sind kraftvolle Ausdrucksformen von Liebe und emotionaler Verbundenheit in der Partnerschaft.

- Worte der Liebe und Dankbarkeit: Die verbalisierte Äußerung von Gefühlen der Liebe und Dankbarkeit für den Partner stärkt die emotionale Bindung. Sätze wie "Ich liebe dich", "Ich schätze alles, was du für mich tust" oder "Ich fühle mich glücklich, dich in meinem Leben zu haben" stärken die emotionale Intimität.

- Kleine Aufmerksamkeiten und Überraschungen: Handlungen der Freundlichkeit und Überraschungen für den Partner zeigen Aufmerksamkeit und Fürsorge. Das kann das Zubereiten eines besonderen Abendessens, das Hinterlassen einer liebevollen Notiz oder das Tun etwas Bedeutendes für die andere Person beinhalten.

Beispiel: Nach einem langen Arbeitstag nach Hause zu kommen und an der Tür eine Notiz zu finden, die sagt: "Ich habe dich heute vermisst. Ich hoffe, dein Tag war großartig. Ich habe dein Lieblingsessen zum Abendessen zubereitet" zeigt Liebe, Aufmerksamkeit und den Willen, eine intime Verbindung aufrechtzuerhalten.

3. **Nicht-sexuelle Intimität kultivieren:** Intimität beschränkt sich nicht nur auf den sexuellen Bereich, sondern umfasst auch das Teilen von lustigen Momenten, Lachen und Zusammengehörigkeit. Einige Möglichkeiten, nicht-sexuelle Intimität zu kultivieren, sind:

- Hobbys und Aktivitäten teilen: Gemeinsame Aktivitäten, die beiden Spaß machen, wie Sport treiben, gemeinsam kochen oder spazieren gehen, stärken die Verbindung und das Gefühl der Kameradschaft in der Partnerschaft.

- Tiefgehende Gespräche führen: Über Träume, Ziele, Werte und tiefgreifende Emotionen sprechen ermöglicht es der Partnerschaft, sich auf einer tieferen Ebene kennenzulernen und fördert emotionale Intimität.

- Gemeinsam lachen: Humor ist ein kraftvolles Werkzeug, um emotionale Bindungen aufzubauen. Momente des Lachens und der Freude zu suchen, Witze zu teilen oder zusammen Komödien anzusehen, kann die Spannung abbauen und die Verbindung stärken.

Beispiel: Ein Paar könnte gemeinsam einen Tanzkurs besuchen. Das Erlernen neuer Tanzschritte, das Lachen über Fehler und das gemeinsame Genießen von qualitativ hochwertiger Zeit trägt dazu bei, nicht-sexuelle Intimität und emotionale Verbundenheit zu kultivieren.

4. **Vertrauen und emotionale Sicherheit fördern**: Vertrauen und emotionale Sicherheit sind grundlegend für eine intime und gesunde Beziehung. Einige Strategien zur Förderung von Vertrauen und emotionaler Sicherheit umfassen:

- Verpflichtungen einhalten: Zuverlässig sein und Verpflichtungen einhalten fördert gegenseitiges Vertrauen. Das beinhaltet eine konsistente Ausrichtung von Handlungen und Worten, um zu zeigen, dass der Partner sich auf einen verlassen kann.

- Transparenz zeigen: Ehrlichkeit und Transparenz in der Kommunikation helfen dabei, ein Umfeld emotionaler Sicherheit aufzubauen. Offenheit bei der Mitteilung von Gedanken, Gefühlen und Bedenken stärkt das Vertrauen in der Beziehung.

- Persönliche Grenzen respektieren: Die persönlichen Grenzen des Partners respektieren und eigene Grenzen setzen trägt zur emotionalen Sicherheit bei. Jedes Mitglied der Partnerschaft sollte das Gefühl haben, dass seine Bedürfnisse und Grenzen respektiert und wertgeschätzt werden.

Beispiel: Wenn eines der Partner einen persönlichen Raum benötigt, um seine Emotionen zu verarbeiten, respektiert der andere diese Zeit und besteht nicht darauf, ein Gespräch zu führen, bis beide bereit und offen dafür sind.

Die Kultivierung emotionaler Intimität und intimer Verbindung in der Partnerschaft erfordert Zeit, Anstrengung und gegenseitiges Engagement. Durch die Anwendung dieser Strategien und Praktiken wird die Beziehung gestärkt und ein Umfeld der Liebe, des Verständnisses und der gegenseitigen Unterstützung geschaffen.

8.3 FÖRDERUNG DER SEXUELLEN ZUFRIEDENHEIT BASIEREND AUF INTIMITÄT UND EINVERNEHMEN

An dieser Stelle wollen wir uns mit der Bedeutung der Pflege einer gesunden und erfüllenden Sexualität im Kontext der Pornographiesucht-Rekonvaleszenz befassen. Diese beruht auf Intimität, Respekt und gegenseitigem Einvernehmen und schafft eine tiefere emotionale Verbindung in der Partnerschaft. Im Folgenden werden Strategien und Praktiken erkundet, um die sexuelle Zufriedenheit in dieser neuen Phase zu fördern:

1. **Offene und ehrliche Kommunikation:** Kommunikation ist entscheidend für ein erfülltes und befriedigendes Sexualleben. Beide Partner sollten sich wohl und sicher fühlen, um ihre Wünsche, Bedürfnisse und Grenzen auszudrücken. Offenes Gespräche über Vorlieben, Fantasien und sexuelle Erwartungen helfen dabei, ein Umfeld des Vertrauens und gegenseitigen Verständnisses zu schaffen.

Beispiel: Offene Gespräche über die sexuellen Vorlieben, Wünsche und Grenzen jedes Partners führen und einen Raum für aktives Zuhören schaffen, in dem sich beide sicher fühlen, ihre Bedürfnisse auszudrücken.

2. **Gegenseitige Erkundung und Entdeckung:** Die Genesung von der Pornographiesucht bietet die Möglichkeit, die Sexualität in der Partnerschaft auf eine intimere und authentischere Weise neu zu entdecken. Es ist wichtig, gemeinsam neue Arten von Lust zu erforschen und herauszufinden, was für beide am besten funktioniert.

- Experimentieren: Das Ausprobieren neuer Aktivitäten, Techniken und erotischer Spiele kann Erregung erzeugen und die sexuelle Verbindung in der Partnerschaft stärken.

- Sexuelles Selbstverständnis: Jedes Mitglied der Partnerschaft kann den eigenen Körper erforschen und herausfinden, was ihnen Lust bereitet, und dies dem Partner kommunizieren, um das gemeinsame sexuelle Erlebnis zu verbessern.

Beispiel: Beide Partner können eine Liste von sexuellen Aktivitäten oder Szenarien erstellen, die sie interessant finden, und sie miteinander teilen. Anschließend können sie gemeinsam entscheiden, was sie erkunden und ausprobieren möchten.

3. **Priorisierung der emotionalen Intimität:** Die sexuelle Zufriedenheit hängt eng mit der emotionalen Intimität in der Partnerschaft zusammen. Die Pflege der emotionalen Verbindung und die Stärkung der Bindung außerhalb des sexuellen Bereichs trägt zu einer größeren sexuellen Zufriedenheit bei.

- Schaffung von Momenten emotionaler Verbindung: Das Schaffen von qualitativ hochwertigen gemeinsamen Momenten, wie regelmäßige Dates, romantische Ausflüge oder einfach nur Zeit für Gespräche und den Austausch von Emotionen, trägt zur Aufrechterhaltung einer intimen Verbindung bei.

- Liebe und Zuneigung zeigen: Zuneigung, Wertschätzung und Dankbarkeit gegenüber dem Partner außerhalb des Schlafzimmers stärken die emotionale Bindung und legen die Grundlage für eine erfüllende Sexualität.

Beispiel: Die Ausübung von nicht-sexuellem körperlichem Kontakt wie Umarmungen, Küssen und sanfte Berührungen außerhalb sexueller Begegnungen fördert die emotionale Intimität und stärkt die enge Verbindung.

4. **Einvernehmen und gegenseitiger Respekt:** Einvernehmen ist bei jeder sexuellen Aktivität unerlässlich. Beide Partner müssen sich bei jedem Schritt der sexuellen Begegnung einig und wohl fühlen. Das Respektieren von Grenzen und eine klare Kommunikation über sexuelle Vorlieben und Wünsche sind entscheidend, um die sexuelle Zufriedenheit auf der Grundlage von Intimität und gegenseitigem Respekt zu fördern.

Beispiel: Bevor es zu sexuellen Begegnungen kommt, können

beide Partner einen Moment festlegen, um über ihre Grenzen zu sprechen und mündlich ihre Zustimmung für jede Aktivität zu geben.

Die Förderung der sexuellen Zufriedenheit auf der Grundlage von Intimität und Einvernehmen stärkt die emotionale Verbindung und trägt zum individuellen Wohlbefinden und dem Wohlbefinden der Partnerschaft bei.

Indem du diese Strategien und Prinzipien in dein Sexualleben integrierst, baust du eine solide Grundlage auf, um Zufriedenheit und Wohlbefinden sowohl für dich selbst als auch für deine Partnerschaft zu fördern. Denke daran, dass der Weg zu einer gesunden und erfüllten Sexualität Zeit, Geduld und kontinuierliche Kommunikation mit deinem Partner erfordert.

Es ist wichtig zu beachten, dass jede Partnerschaft einzigartig ist und was für einige funktioniert, möglicherweise nicht für andere funktioniert. Der Schlüssel liegt in der Offenheit für Erkundung, Anpassung und gemeinsames Lernen, während ihr euch auf eurer Genesungs- und persönlichen Wachstumsreise entwickelt.

Neben den genannten Strategien ist es entscheidend, eine Haltung des Respekts, der Empathie und des Verständnisses sowohl sich selbst als auch deinem Partner gegenüber einzunehmen. Die Genesung von einer Pornographiesucht beinhaltet Herausforderungen und Höhen und Tiefen, aber durch gemeinsame Arbeit, Stärkung der emotionalen Verbindung und die Förderung einer auf Intimität und Einvernehmen basierenden Sexualität bist du auf dem Weg zu einem erfüllteren und bereichernden Sexualleben.

Denke daran, dass die Genesung nicht nur darin besteht, eine Sucht zu überwinden, sondern ein erfülltes und sinnvolles Leben aufzubauen. Jeder Schritt, den du in diese Richtung unternimmst, zählt und verdient Anerkennung. Setze dein Lernen, Wachstum und die Suche nach notwendiger Unterstützung fort, um einen gesunden und ausgewogenen Lebensstil aufrechtzuerhalten.

9. ÜBERWINDUNG VON HERAUSFORDERUNGEN UND RÜCKFÄLLEN

9.1 ANERKENNUNG DER HÄUFIGEN HERAUSFORDERUNGEN WÄHREND DER GENESUNG

Während des Prozesses der Genesung von einer Pornosucht wirst du verschiedenen Herausforderungen gegenüberstehen, die deine Stärke, Ausdauer und Entschlossenheit auf die Probe stellen. Es ist wichtig, diese Herausforderungen anzuerkennen und zu verstehen, um sie effektiv anzugehen und Rückfälle zu vermeiden. Im Folgenden werden einige der häufigsten Herausforderungen, die du auf deinem Weg zur Genesung treffen könntest, und wie du sie erfolgreich bewältigen kannst, erkundet:

1. **Versuchungen und Auslöser:** Versuchungen und Auslöser sind Situationen, Orte, Menschen oder sogar Gedanken, die das Verlangen nach Pornografie auslösen können. Es können anstößige Bilder online sein, Momente der Einsamkeit oder des Stresses oder sogar bestimmte Orte, die du mit dem süchtigen Verhalten in Verbindung bringst. Es ist entscheidend, deine eigenen Auslöser zu identifizieren und darauf vorbereitet zu sein, ihnen entgegenzutreten. Eine effektive Strategie besteht darin, im Voraus einen Aktionsplan zur Bewältigung dieser Situationen zu entwickeln. Du kannst alternative Aktivitäten festlegen, wie z. B. spazieren gehen, ein inspirierendes Buch lesen oder Entspannungstechniken praktizieren, um dich abzulenken und die Kontrolle zu behalten.

2. **Selbstkritik und Zweifel:** Während der Genesung ist es üblich, Momente der Selbstkritik und Zweifel an deiner Fähigkeit, die Sucht zu überwinden, zu erleben. Du könntest frustriert sein, wenn du Fehler machst oder deine Fortschritte nicht so schnell vorangehen, wie du es erwartet hast. Es ist wichtig, daran zu denken, dass die Genesung ein schrittweiser Prozess ist und Fehler Gelegenheiten zum Lernen bieten. Pflege Mitgefühl für dich selbst und halte eine positive Einstellung aufrecht, um diese

Herausforderungen zu überwinden. Konzentriere dich auf deine Erfolge, so klein sie auch sein mögen, und feiere jeden Schritt nach vorne.

3. **Einsamkeit und Isolation:** Die Genesung kann Momente der Einsamkeit und Isolation mit sich bringen, insbesondere wenn du früher viel Zeit mit Pornokonsum verbracht hast. Du könntest dich von bestimmten Gruppen oder Freunden distanziert fühlen, die nicht deine Werte und Lebensziele teilen. Es ist entscheidend, ein starkes Unterstützungssystem zu suchen und aufzubauen. Du kannst einer Selbsthilfegruppe beitreten, individuelle Therapie suchen oder Verbindungen zu Menschen herstellen, die sich in einem ähnlichen Genesungsprozess befinden. Das Teilen deiner Erfahrungen, Herausforderungen und Erfolge mit verständnisvollen und ermutigenden Menschen kann dir ein Gefühl der Zugehörigkeit und emotionale Stärke geben.

4. **Stress und Angst:** Stress und Angst sind häufige Auslöser für viele Süchte, einschließlich Pornosucht. Tägliche Herausforderungen, berufliche oder akademische Verantwortlichkeiten und zwischenmenschliche Probleme können die Versuchung erhöhen, auf süchtiges Verhalten als Flucht- oder vorübergehende Erleichterung zurückzugreifen. Es ist wichtig, gesunde Strategien zur Bewältigung von Stress und Angst zu entwickeln. Du kannst Entspannungstechniken wie Meditation, Yoga oder tiefe Atmung praktizieren. Darüber hinaus trägt die Etablierung von Selbstfürsorgegewohnheiten wie ausreichendem Schlaf, ausgewogener Ernährung und regelmäßiger körperlicher Bewegung dazu bei, Stress zu reduzieren und eine ausgeglichene Stimmung aufrechtzuerhalten.

Denke daran, dass diese Herausforderungen Teil des Genesungsprozesses sind und nicht unüberwindbar. Jede überwundene Herausforderung stärkt deine Entschlossenheit und bringt dich näher zu einem Leben frei von Pornosucht. Halte deine Motivation hoch, indem du dir die bisher erlebten Vorteile vor Augen hältst und dir vorstellst, wie dein Leben ohne den negativen Einfluss der Pornosucht aussehen könnte.

Im nächsten Abschnitt werden wir wirksame Strategien zur Bewältigung von Versuchungen und zur Vermeidung von Rückfällen erkunden. Diese praktischen Werkzeuge werden dir helfen, den Herausforderungen selbstbewusst zu begegnen und einen festen Kurs in Richtung Genesung beizubehalten.

9.2 ESTRATEGIEN ZUR EFFEKTIVEN BEWÄLTIGUNG VON VERSUCHUNGEN UND VERMEIDUNG VON RÜCKFÄLLEN

Die Genesung von einer Pornosucht ist kein einfacher Weg. Es ist üblich, Herausforderungen und Versuchungen zu erleben, die unsere Hingabe und Entschlossenheit auf die Probe stellen. Es ist jedoch wichtig, daran zu denken, dass jeder überwundene Hindernis uns der Freiheit und emotionalem Wohlbefinden näher bringt. In diesem Kapitel werden wir effektive Strategien zur Bewältigung von Versuchungen und zur Vermeidung von Rückfällen erkunden, indem wir praktische Werkzeuge zur Überwindung von Herausforderungen auf deinem Weg zur Genesung bereitstellen.

Wenn wir uns in Momenten der Versuchung befinden, ist es entscheidend, effektive Strategien zu haben, die uns dabei helfen, der Dringlichkeit zu widerstehen, in alte Muster zurückzufallen. Diese Strategien zielen nicht nur darauf ab, Rückfälle zu vermeiden, sondern auch unsere Widerstandsfähigkeit und Fähigkeit, Herausforderungen anzugehen, zu stärken. Im Folgenden stellen wir eine Vielzahl von Strategien vor, die du anwenden kannst, um die Kontrolle zu behalten und Rückfälle während deines Genesungsprozesses zu vermeiden:

1. **Kenne dich selbst:** Selbstkenntnis ist der Schlüssel, um Versuchungen zu überwinden. Nimm dir Zeit, um deine Auslöser, die Momente, in denen du dich besonders verwundbar fühlst, und die Denkmuster, die dich zur Pornografie führen, zu erkunden und zu verstehen. Das Identifizieren dieser Signale wird dir helfen, präventive Maßnahmen zu ergreifen und spezifische Strategien zu entwickeln, um ihnen entgegenzutreten.

Beispiel: Klaus hat bemerkt, dass Langeweile und Einsamkeit häufige Auslöser für ihn sind. Um dem entgegenzuwirken, hat er eine Liste mit alternativen Aktivitäten erstellt, wie das Lesen eines Buches, körperliche Bewegung oder das Anrufen eines Freundes, wenn er versucht ist. Durch das Verständnis seiner Auslöser kann er bewusstere Entscheidungen treffen und der Versuchung widerstehen.

2. **Entwickle Bewältigungsfähigkeiten:** Anstatt zur Pornografie als Möglichkeit zu flüchten oder mit schwierigen Emotionen umzugehen, ist es wichtig, gesunde Bewältigungsfähigkeiten zu entwickeln. Diese Fähigkeiten können Entspannungstechniken wie tiefe Atmung, Meditation oder körperliche Bewegung umfassen. Zusätzlich kann emotionale Unterstützung durch Therapie, Selbsthilfegruppen oder das Vertrauen in enge Freunde in Versuchungsmomenten sehr hilfreich sein.

Beispiel: Andreas hat gelernt, seine Emotionen zu erkennen und Bewältigungstechniken zu verwenden, um sie auf gesunde Weise zu bewältigen. Wenn er Stress oder Angst verspürt, nimmt er sich Zeit für tiefe Atmung und verlässt sich auf seine Online-Selbsthilfegruppe, um ermutigende Worte und unterschiedliche Perspektiven zu erhalten.

3. **Setze Grenzen und schaffe eine gesunde Umgebung:** Das Festlegen klarer Grenzen in deinem Leben ist entscheidend, um versuchende Situationen zu vermeiden. Dies kann das Festlegen von Einschränkungen bei der Nutzung von elektronischen Geräten umfassen, wie die Begrenzung der Internetnutzungszeit oder das Blockieren von Websites mit pornografischem Inhalt. Darüber hinaus kann es sehr hilfreich sein, sich in einer gesunden und unterstützenden Umgebung aufzuhalten. Suche nach Menschen, die dich auf deinem Genesungsweg unterstützen, und meide Umgebungen oder Beziehungen, die Auslöser sein könnten.

Beispiel: Markus beschließt, Grenzen für die Nutzung seiner elektronischen Geräte festzulegen, z. B. sein Telefon nicht mit auf die Toilette zu nehmen oder es vor dem Schlafengehen nicht im Bett zu verwenden. Außerdem stellt er sicher, dass er eine Gruppe von Freunden hat, die seinen Genesungsprozess unterstützen, und meidet nächtliche Aktivitäten an Orten, an denen er pornografischem Inhalt ausgesetzt sein könnte.

4. Nutze Ablenkungs- und Umlenkungstechniken: In Momenten der Versuchung kann es sehr effektiv sein, deinen Geist abzulenken und deine Aufmerksamkeit auf positive Aktivitäten umzulenken. Das bedeutet, Aktivitäten zu suchen, die dir Spaß machen und dich gut fühlen lassen, wie Hobbys, das Lesen eines interessanten Buches, Spazierengehen oder das Ansehen eines Films. Der Schlüssel ist, deine Zeit und Energie mit gesunden Aktivitäten zu füllen, die dich von der Versuchung fernhalten.

Beispiel: Johannes nutzt die Ablenkungs- und Umlenkungstechnik, wenn er versucht ist, nach Pornografie online zu suchen. Anstatt der Versuchung nachzugeben, nimmt er seine Gitarre zur Hand und fängt an, Musik zu spielen. Diese Aktivität hilft ihm, seine Aufmerksamkeit umzulenken und Befriedigung in einer kreativen und bereichernden Tätigkeit zu finden.

Denke daran, dass diese Strategien nur einige der vielen verfügbaren Optionen sind. Jeder Mensch kann unterschiedliche Ansätze finden, die für ihn am besten funktionieren. Das Wichtige ist, eine Reihe von Strategien zu finden, die zu deiner Situation und deinem Lebensstil passen, und sich konsequent zu ihrer Umsetzung zu verpflichten.

Vergiss nicht, dass die Überwindung von Herausforderungen und die Vermeidung von Rückfällen Durchhaltevermögen und Geduld erfordert. Es ist normal, Höhen und Tiefen im Genesungsprozess zu haben, aber das Wichtige ist, aus jeder Erfahrung zu lernen und mit Entschlossenheit voranzuschreiten. Halte dein Ziel eines Lebens frei von Pornosucht vor Augen und suche die notwendige Unterstützung, um motiviert und fokussiert auf deinem Weg zur Genesung zu bleiben.

Du bist in der Lage, jede Herausforderung zu überwinden und ein erfülltes und gesundes Leben zu führen! Behalte den Glauben an dich selbst und an deine Fähigkeit, eine positive Veränderung zu erreichen. Jeder Schritt, den du nach vorne machst, bringt dich näher an die Freiheit und das emotionale Wohlbefinden, das du verdienst. Gehe mutig und selbstbewusst weiter!

Der Weg zur Überwindung einer Pornosucht kann Herausforderungen und Hindernisse mit sich bringen, die unsere Motivation und Entschlossenheit auf die Probe stellen können. Es ist wichtig, sich daran zu erinnern, dass die Genesung ein kontinuierlicher Prozess ist und Ausdauer über einen längeren Zeitraum erfordert. Hier sind wirksame Strategien, um die Motivation aufrechtzuerhalten und Hindernisse zu überwinden, die auf deinem Weg zu einem Leben frei von Sucht auftreten können:

1. **Setze klare und realistische Ziele:** Das Festlegen klarer und erreichbarer Ziele ist entscheidend, um die Motivation in deinem Genesungsprozess aufrechtzuerhalten. Diese Ziele können den vollständigen Verzicht auf Pornografie, die Verbesserung persönlicher Beziehungen oder die Entwicklung eines gesunden Lebensstils umfassen. Stelle sicher, dass deine Ziele realistisch sind und an deine individuellen Umstände angepasst werden. Teile deine Ziele in kleinere, erreichbare Ziele auf und feiere deine Erfolge, während du sie erreichst.

Beispiel: Klaus hat sich das Ziel gesetzt, vollständig auf Pornografie zu verzichten und seine Beziehung zu verbessern. Dazu setzt er sich kleinere Ziele, wie eine Woche lang keine pornografischen Websites zu besuchen, offen mit seinem Partner über seine Gefühle und Bedürfnisse zu kommunizieren und gesunde Aktivitäten zu suchen, die eine emotionale Verbindung fördern. Jedes Mal, wenn er eines dieser Ziele erreicht, fühlt er sich motiviert und gestärkt, um in seinem Genesungsprozess weiterzumachen.

2. **Finde inspirierende Quellen:** Suche nach Inspiration in Erfolgsgeschichten von Menschen, die eine Pornosucht

überwunden haben. Du kannst Bücher lesen, Zeugnisse anhören oder dich Unterstützungsgruppen anschließen, in denen du Erfahrungen teilen und Unterstützung von Menschen erhalten kannst, die ähnliche Situationen durchmachen. Du kannst auch Online-Ressourcen wie Podcasts oder Blogs suchen, die Tipps und Strategien bieten, um die Motivation aufrechtzuerhalten und Herausforderungen anzugehen.

Beispiel: Markus findet Inspiration in einer autobiografischen Buchgeschichte eines Autors, der über seinen Kampf gegen Pornosucht und wie er es geschafft hat, sie zu überwinden, berichtet. Die Erfolgsgeschichte dieses Autors zeigt ihm, dass es möglich ist, ein Leben frei von Sucht zu erreichen, und motiviert ihn, weiterhin an seinem eigenen Genesungsprozess zu arbeiten.

3. **Praktiziere Selbstmitgefühl und Vergebung:** Es ist wichtig, mitfühlend mit dir selbst umzugehen und dir für vergangene Fehler zu vergeben. Die Genesung ist kein gerader Weg, und es ist normal, Rückfälle oder Schwierigkeiten zu haben. Lerne, dich selbst freundlich zu behandeln und zu akzeptieren, dass der Genesungsprozess ein Prozess des Lernens und persönlichen Wachstums ist. Erlaube dir, aus Fehlern zu lernen und ohne negative Selbstbewertung voranzukommen.

Beispiel: Andreas hat während seines Genesungsprozesses einige Rückfälle erlebt, was ihn Schuldgefühle und Frustrationen verursacht hat. Anstatt sich selbst zu bestrafen, praktiziert er Selbstmitgefühl und erinnert sich daran, dass er ein Mensch ist und Fehler zum Prozess gehören. Er vergibt sich für seine Rückfälle und nutzt diese Erfahrungen als Möglichkeiten, zu lernen und sein Engagement für die Genesung zu stärken.

4. **Suche Unterstützung und soziale Verbindung:** Es ist entscheidend, mit Menschen in Verbindung zu bleiben, die deine Situation verstehen und dir Unterstützung bieten. Suche nach Unterstützungsgruppen, Therapeuten oder Online-Communities, in denen du deine Erfahrungen teilen, Anleitung erhalten und Inspiration finden kannst. Die Verbindung zu anderen Menschen,

die deine Ziele und Herausforderungen teilen, wird dir helfen, dich verstanden und unterstützt auf deinem Weg zur Genesung zu fühlen.

Beispiel: Johannes schließt sich einer Online-Unterstützungsgruppe an, in der er seine Kämpfe und Erfolge mit anderen Menschen teilen kann, die sich ebenfalls in einem Genesungsprozess befinden. Durch diese Gruppe entwickelt er bedeutungsvolle Beziehungen zu Menschen, die seine Erfahrungen verstehen und ihm emotionale Unterstützung bieten. Diese Verbindungen geben ihm Kraft und Motivation, seinen Genesungsweg fortzusetzen.

Erinnere dich daran, dass die Motivation im Laufe der Zeit schwanken kann, aber wenn du engagiert bleibst und wirksame Strategien anwendest, kannst du Hindernisse überwinden und in deinem Genesungsprozess durchhalten. Unterschätze niemals deine Fähigkeit zur Veränderung und persönlichen Weiterentwicklung. Jeder Tag ist eine Gelegenheit, einen Schritt nach vorne zu machen und ein erfülltes und gesundes Leben ohne Pornosucht aufzubauen. Gehe entschlossen und selbstbewusst weiter!

Indem du Disziplin und Motivation im Genesungsprozess aufrechterhältst, baust du einen neuen Weg in die Freiheit und persönliche Erfüllung. Indem du dich den Herausforderungen stellst und Rückfälle überwindest, wirst du zu einer stärkeren und widerstandsfähigeren Person. Denke daran, dass jeder Schritt, den du in die richtige Richtung machst, eine bedeutende Leistung ist und Anerkennung verdient.

Egal, wie oft du in der Vergangenheit gestrauchelt bist, das Wichtige ist, aufzustehen und weiterzumachen. Die Genesung kann ein langer und manchmal schwieriger Weg sein, aber es ist auch eine Reise voller Entdeckungen und persönlichen Wachstums. Halte deine Vision klar und fokussiert auf deine Ziele. Lass dich nicht von Rückschlägen entmutigen, denn sie sind Gelegenheiten zum Lernen und zur Stärkung.

Erlaube dir, deine Erfolge zu feiern, egal wie klein sie auch sein mögen. Jeder Tag, an dem du aufstehst und dich deiner Genesung verpflichtest, zeugt von deiner Entschlossenheit und Tapferkeit. Schätze den Fortschritt, den du bisher erreicht hast, und halte die Flamme der Hoffnung und den Wunsch nach einem erfüllten und gesunden Leben am Leben.

Denke daran, dass die Unterstützung von geliebten Menschen und Gesundheitsfachleuten ebenfalls entscheidend in diesem Prozess ist. Zögere nicht, Hilfe zu suchen, wenn du sie brauchst, und umgebe dich mit Menschen, die dich unterstützen und ermutigen, weiterzumachen. Gemeinsam könnt ihr jedes Hindernis überwinden und ein Leben voller Glück, bedeutsamer Beziehungen und emotionalem Wohlbefinden aufbauen.

Also gehe entschlossen und selbstbewusst weiter. Du hast die Macht, dein Leben zu verändern und die Freiheit zu erreichen, die du dir wünschst. Halte die Flamme der Hoffnung am Leben und erinnere dich daran, dass du in der Lage bist, jede Herausforderung auf deinem Weg zu meistern. Die Zukunft ist voller Möglichkeiten, und du hast die Kraft, ein erfülltes und zufriedenes Leben zu schaffen!

10. PERSÖNLICHE PFLEGE UND GANZHEITLICHES WOHLBEFINDEN

10.1 DIE BEDEUTUNG DER PFLEGE DER KÖRPERLICHEN, GEISTIGEN UND EMOTIONALEN GESUNDHEIT

Persönliche Pflege und ganzheitliches Wohlbefinden sind grundlegende Aspekte im Genesungsprozess und beim Aufbau eines Lebens frei von Sucht. Pornosucht kann nicht nur die sexuelle Gesundheit beeinträchtigen, sondern auch die allgemeine körperliche, geistige und emotionale Gesundheit. Daher ist es entscheidend, einen ganzheitlichen Ansatz zu verfolgen und alle Bereiche unseres Lebens anzugehen, um eine solide und dauerhafte Genesung zu erreichen.

Beginnen wir mit der körperlichen Gesundheit. Es ist wesentlich, Praktiken zu übernehmen, die körperliches Wohlbefinden fördern und uns dabei helfen, einen gesunden und energiegeladenen Körper zu erhalten. Dazu gehört eine bewusste und ausgewogene Ernährung. Die Wahl von frischen und natürlichen Lebensmitteln, die reich an Nährstoffen, Vitaminen und Mineralstoffen sind, ist entscheidend, um unseren Körper zu nähren. Indem wir Obst, Gemüse, mageres Eiweiß, Vollkornprodukte und gesunde Fette priorisieren, erhalten wir die notwendige Energie, um die täglichen Herausforderungen zu bewältigen.

Darüber hinaus spielt regelmäßige körperliche Aktivität eine entscheidende Rolle für unsere körperliche Gesundheit. Es hilft nicht nur, ein gesundes Gewicht zu halten, sondern stärkt auch unsere Muskeln und Knochen, verbessert die Durchblutung und verringert das Risiko von Herz-Kreislauf-Erkrankungen. Du kannst Aktivitäten wählen, die dir Spaß machen, wie Laufen, Yoga, Tanzen, Schwimmen oder Wandern. Das Ziel ist es, deinen Körper regelmäßig zu bewegen und dich an deine Fähigkeiten und persönlichen Vorlieben anzupassen.

Wir dürfen nicht die Bedeutung ausreichender Erholung und ausreichenden Schlafs vernachlässigen. Erholsamer Schlaf ist wesentlich für die optimale Funktion von Körper und Geist. Die Etablierung einer regelmäßigen Schlafroutine, die Schaffung einer geeigneten Schlafumgebung und das Praktizieren von Entspannungstechniken vor dem Schlafengehen, wie das Lesen eines Buches oder Meditation, können die Qualität unseres Schlafs verbessern und zu unserem allgemeinen Wohlbefinden beitragen.

Was die geistige und emotionale Gesundheit betrifft, ist es entscheidend, unseren Geist zu pflegen und unsere Emotionen auf gesunde Weise zu bewältigen. Eine Möglichkeit dies zu tun, ist die Praxis von Achtsamkeit oder Mindfulness. Diese Technik hilft uns, im gegenwärtigen Moment präsent zu sein, ohne Urteile oder Erwartungen, was es uns ermöglicht, uns von negativen Gedanken und unnötigen Sorgen zu befreien. Meditation, bewusstes Atmen und andere Entspannungspraktiken können ebenfalls hilfreich sein, um den Geist zu beruhigen und Stress zu reduzieren.

Zusätzlich ist es wichtig, emotionale Unterstützung durch individuelle oder Gruppentherapie zu suchen. Ein spezialisierter Therapeut kann uns dabei helfen, unsere Emotionen zu erkunden, an der Problemlösung zu arbeiten und unsere geistige Gesundheit zu stärken. Die Teilnahme an Selbsthilfegruppen gibt uns auch die Möglichkeit, uns mit anderen Menschen zu verbinden, die ähnliche Situationen durchmachen, und Erfahrungen, Ratschläge und gegenseitige Unterstützung zu teilen. Diese Verbindungen geben uns ein Gefühl der Zugehörigkeit und erinnern uns daran, dass wir auf unserem Genesungsweg nicht allein sind.

Schließlich beinhaltet die Pflege unserer emotionalen Gesundheit die Festlegung gesunder Grenzen in unseren Beziehungen und täglichen Aktivitäten. Das Erlernen, "Nein" zu sagen, wenn es notwendig ist, die Priorisierung unseres Wohlbefindens und das Setzen klarer Grenzen gegenüber Menschen und Situationen, die Stress verursachen oder uns zu unerwünschtem Verhalten treiben, ist entscheidend, um emotionales Gleichgewicht aufrechtzuerhalten und Rückfälle zu vermeiden.

Zusammenfassend ist die Pflege unserer körperlichen, geistigen und emotionalen Gesundheit ein wesentlicher Bestandteil des Genesungsprozesses und des Aufbaus eines erfüllten und suchtfreien Lebens. Eine angemessene Ernährung, regelmäßige körperliche Bewegung, ausreichende Erholung, Entspannungstechniken, emotionale Unterstützung suchen und gesunde Grenzen setzen sind einige der Strategien, die uns helfen werden, ganzheitliches Wohlbefinden aufrechtzuerhalten. Denke daran, dass dieser Weg zur Gesundheit und zum Wohlbefinden Zeit, Geduld und Engagement erfordert, aber jeder Schritt, den du unternimmst, bringt dich näher zu einem Leben voller Glück, Gleichgewicht und Erfüllung. Du hast die Kraft, dich zu verwandeln und das Leben zu leben, das du verdienst!

10.2 ETABLIERUNG EINER SELBSTPFLEGE- UND WOHLBEFINDENSROUTINE

Auf dem Weg zur Genesung und ganzheitlichem Wohlbefinden ist es von grundlegender Bedeutung, eine Selbstpflege-Routine zu etablieren, die es uns ermöglicht, ein Gleichgewicht in unserem Leben zu halten und regelmäßig auf unsere körperlichen, geistigen und emotionalen Bedürfnisse einzugehen. Eine Selbstpflege-Routine gibt uns die Möglichkeit, Zeit und Aufmerksamkeit auf uns selbst zu verwenden, um uns in allen Aspekten zu nähren und zu stärken.

Eine der ersten Dinge, die wir bei der Etablierung einer Selbstpflege-Routine berücksichtigen sollten, ist die Zeitplanung. Manchmal fühlen wir uns von unseren täglichen Verpflichtungen überwältigt und vernachlässigen unsere eigene Fürsorge. Daher ist es wichtig, bewusst jeden Tag eine bestimmte Zeit für uns selbst einzuplanen, selbst wenn es nur ein paar Minuten sind. Es kann am Morgen vor dem Beginn des Tages oder am Abend vor dem Schlafengehen sein. Das Wichtige ist, sich dieser Zeit zu verpflichten und sie zur Priorität in unserem Zeitplan zu machen.

Innerhalb unserer Selbstpflege-Routine können wir verschiedene Aktivitäten einbeziehen, die uns helfen, ein körperliches, geistiges und emotionales Gleichgewicht aufrechtzuerhalten. Hier sind einige Vorschläge:

1. **Körperpflege**:

- Regelmäßige körperliche Aktivität: Es kann Spazierengehen, Laufen, Sport treiben oder jede andere körperliche Aktivität sein, die uns Spaß macht. Bewegung stärkt nicht nur unseren Körper, sondern setzt auch Endorphine frei, die uns emotional gut fühlen lassen.

- Eine ausgewogene Ernährung aufrechterhalten: Der Verzehr gesunder und nahrhafter Lebensmittel liefert uns die notwendige

Energie und trägt zu unserem allgemeinen Wohlbefinden bei. Es ist wichtig, Obst, Gemüse, mageres Eiweiß, Vollkornprodukte zu priorisieren und den Konsum von verarbeiteten und zuckerhaltigen Lebensmitteln zu begrenzen.

2. Geistige Pflege:

- Lesen praktizieren: Das Lesen von Büchern, die uns inspirieren, lehren oder zum Nachdenken anregen, ist eine hervorragende Möglichkeit, unseren Geist zu nähren.

- Kognitive Fähigkeiten entwickeln: Das Durchführen von Denkspielen, Kreuzworträtseln, Rätseln oder das Erlernen einer neuen Sprache kann unseren Geist anregen und aktiv halten.

3. Emotionale Pflege:

- Dankbarkeit praktizieren: Jeden Tag einen Moment innehalten, um über die Dinge nachzudenken, für die wir dankbar sind, kann uns helfen, eine positive Einstellung zu bewahren und unsere Widerstandsfähigkeit zu stärken.

- Emotionen ausdrücken: Gesunde Wege suchen, um unsere Emotionen auszudrücken, wie das Schreiben in einem Tagebuch, das Gespräch mit einem vertrauenswürdigen Freund oder die Suche nach therapeutischer Unterstützung, hilft uns dabei, aufgestaute Emotionen zu verarbeiten und loszulassen.

4. Spirituelle Pflege:

- Meditation und Achtsamkeit: Diese Praktiken ermöglichen es uns, uns mit unserem inneren Wesen zu verbinden, Ruhe und Gelassenheit zu kultivieren und unsere spirituelle Verbindung zu stärken.

- Bedeutsame Aktivitäten durchführen: Die Teilnahme an Aktivitäten, die uns inspirieren und mit etwas Größerem als uns selbst verbinden, wie Natur, Kunst, Musik oder religiöser Praxis, kann unsere Spiritualität nähren.

Denke daran, dass jeder Mensch einzigartig ist. Daher ist es wichtig, Selbstpflege-Aktivitäten zu finden, die unseren individuellen Bedürfnissen und Vorlieben entsprechen. Probiere verschiedene Aktivitäten aus und achte darauf, wie sie dich zum Fühlen bringen. Wenn du diese Praktiken in deinen täglichen Ablauf integrierst, wirst du feststellen, wie sich dein allgemeines Wohlbefinden stärkt und deine Genesung immer fester wird.

Die Etablierung einer Selbstpflege-Routine erfordert Engagement und Ausdauer, aber die Ergebnisse sind es wert. Erlaube dir, Zeit für dich selbst zu nehmen, pflege dein Wohlbefinden und erinnere dich daran, dass du es verdienst, gut für dich selbst zu sorgen und glücklich zu sein. Jeder Schritt in diese Richtung ist ein Schritt näher zu einem erfüllten und zufriedenen Leben!

Im Folgenden präsentiere ich dir zwei Beispiele für Selbstpflege-Routinen, die du entsprechend deiner Bedürfnisse und Vorlieben anpassen kannst:

Beispiel 1: Energetische Morgenroutine

5:30 Uhr - Aufwachen und sanftes Dehnen: Beim Aufwachen nimm dir ein paar Minuten Zeit, um deinen Körper sanft zu dehnen, um die Muskeln zu wecken und die Durchblutung anzuregen.

5:45 Uhr - Meditation und Visualisierung: Setze dich an einen ruhigen Ort und praktiziere 10-15 Minuten Meditation. Visualisiere, wie du dir deinen Tag wünschst und setze eine positive Absicht.

6:00 Uhr - Bewegung: Führe eine Trainingseinheit aus, die dir gefällt, wie zum Beispiel Joggen, Yoga oder Training im Fitnessstudio. Du kannst einem festgelegten Trainingsplan folgen oder eine Kombination aus Herz-Kreislauf- und Kraftübungen durchführen.

7:00 Uhr - Gesundes Frühstück: Bereite dir ein ausgewogenes Frühstück zu, das Proteine, Vollkornprodukte und Früchte enthält. Du kannst einen nahrhaften Smoothie, ein Vollkornbrot mit Avocado oder eine Schüssel Haferflocken mit frischen Früchten wählen.

8:00 Uhr - Lesezeit: Widme etwa 30 Minuten dem Lesen eines inspirierenden oder lehrreichen Buches. Es kann ein Buch über persönliche Entwicklung, ein motivierender Roman oder ein anderes Genre sein, das dir gefällt.

9:00 Uhr - Tagesplanung: Nimm dir einige Minuten Zeit, um deine Aufgaben und Prioritäten für den Tag zu organisieren. Erstelle eine Aufgabenliste und setze realistische Ziele, um fokussiert und produktiv zu bleiben.

Beispiel 2: Entspannende Abendroutine

20:00 Uhr - Nährstoffreiches Abendessen: Bereite ein gesundes und ausgewogenes Abendessen mit Gemüse, Protein und Vollkornprodukten zu. Vermeide schwere oder zuckerreiche Mahlzeiten, da sie sich auf deine Schlafqualität auswirken können.

21:00 Uhr - Entspannendes Bad: Nimm ein heißes Bad mit duftenden Badesalzen oder entspannenden ätherischen Ölen. Genieße diese Zeit, um abzuschalten und den während des Tages angesammelten Stress loszulassen.

21:30 Uhr - Lesen vor dem Schlafengehen: Wähle ein inspirierendes oder motivierendes Buch zum Lesen vor dem Schlafengehen. Diese Aktivität hilft dir, dich von Bildschirmen zu lösen und deinen Geist auf einen erholsamen Schlaf vorzubereiten.

22:00 Uhr - Meditation und tiefe Atmung: Nimm dir einige Minuten Zeit für Meditation und tiefe Atemzüge. Dies hilft dir, deinen Geist und Körper zu entspannen und dich auf einen ruhigen Schlaf vorzubereiten.

22:30 Uhr - Schlafhygiene: Schaffe eine Schlafumgebung, die förderlich für Erholung ist, indem du helle Lichter ausschaltest und auf die Verwendung elektronischer Geräte verzichtest. Stelle sicher, dass dein Schlafzimmer sauber, ordentlich und komfortabel ist, um einen erholsamen Schlaf zu fördern.

Beachte, dass dies nur zwei Beispiele für Selbstpflegeroutinen sind und du sie nach deinen Bedürfnissen und Vorlieben anpassen kannst. Das Wichtige ist, Zeit für dich selbst zu schaffen und Aktivitäten zu widmen, die dich in allen Aspekten nähren und stärken. Entdecke, welche Selbstpflegeroutine am besten zu dir passt, und genieße das ganzheitliche Wohlbefinden, das sie dir bietet!

10.3 TECHNIKEN WIE BEWEGUNG, MEDITATION UND THERAPIE FÜR GANZHEITLICHES WOHLBEFINDEN

Bei der Suche nach ganzheitlichem Wohlbefinden ist es wichtig zu verstehen, dass es nicht nur um die körperliche Gesundheit geht, sondern auch darum, unsere mentale und emotionale Gesundheit zu pflegen. Ganzheitliches Wohlbefinden bedeutet, ein Gleichgewicht zwischen diesen Aspekten zu finden und zu erkennen, dass sie voneinander abhängig sind und sich gegenseitig beeinflussen.

Die körperliche Gesundheit bezieht sich auf den Zustand unseres Körpers und umfasst Aspekte wie regelmäßige körperliche Aktivität, eine ausgewogene und angemessene Ernährung, ausreichende Ruhezeiten und die allgemeine Pflege unserer körperlichen Gesundheit. Indem wir unseren Körper mit den richtigen Nährstoffen versorgen und aktiv bleiben, fördern wir eine größere Vitalität und körperliche Widerstandsfähigkeit.

Auf der anderen Seite umfasst die mentale und emotionale Gesundheit das Management unserer Emotionen und Gedanken sowie die Förderung einer positiven Einstellung. Dies beinhaltet das Erlernen von Stressbewältigungstechniken, die Entwicklung gesunder Bewältigungsstrategien und die Suche nach angemessener Unterstützung, wenn nötig. Darüber hinaus ist es wichtig, gesunde und bedeutungsvolle Beziehungen zu pflegen, gesunde Grenzen zu setzen und Selbstfürsorge zu praktizieren.

Die Pflege unseres ganzheitlichen Wohlbefindens ermöglicht es uns nicht nur, den Herausforderungen des Lebens effektiver zu begegnen, sondern bietet uns auch eine solide Grundlage, um ein erfülltes und sinnvolles Leben zu genießen. Indem wir Zeit und Mühe investieren, um unsere körperliche, mentale und emotionale Gesundheit zu pflegen, investieren wir in uns selbst und in unsere Lebensqualität.

Lassen Sie uns nun einige spezifische Techniken erkunden, die Ihnen helfen können, Ihr ganzheitliches Wohlbefinden zu kultivieren. Diese Techniken bieten Ihnen praktische Werkzeuge, die Sie in Ihre tägliche Routine integrieren können, um eine bessere Gesundheit und Balance in allen Lebensbereichen zu fördern.

1. **Körperliche Bewegung:** Regelmäßige körperliche Aktivität ist ein kraftvolles Werkzeug, um sowohl die körperliche als auch die mentale Gesundheit zu verbessern. Aktivitäten wie Spazierengehen, Laufen, Sport treiben oder Yoga helfen dabei, Endorphine freizusetzen, Stress zu reduzieren, die Schlafqualität zu verbessern und das Selbstwertgefühl zu steigern. Sie können eine Übungsroutine festlegen, die Ihren Vorlieben und Fähigkeiten entspricht, und körperliche Aktivität zu einem integralen Bestandteil Ihres Lebens machen.

Beispiel: Eine tägliche 30-minütige Wanderung im Freien kann eine ausgezeichnete Möglichkeit sein, sich zu bewegen, die Natur zu genießen und den Geist zu klären.

2. **Meditation und Achtsamkeit:** Die Praxis der Meditation und Achtsamkeit hilft uns, Achtsamkeit zu entwickeln und im gegenwärtigen Moment präsent zu sein. Diese Techniken ermöglichen es uns, unsere Gedanken und Emotionen ohne Bewertung zu beobachten, Stress und Angst zu reduzieren, die Konzentration zu verbessern und innere Ruhe zu fördern. Sie können sich täglich einige Minuten Zeit nehmen, um Meditation zu praktizieren, sei es durch Anleitung oder einfach durch die Konzentration auf Ihren Atem und die Empfindungen in Ihrem Körper.

Beispiel: Reservieren Sie vor Beginn des Tages 10 Minuten, um an einem ruhigen Ort zu sitzen, die Augen zu schließen und sich auf Ihre Atmung zu konzentrieren, wodurch Ihr Geist zur Ruhe kommt und sich zentriert.

3. **Therapie und Beratung:** Professionelle Unterstützung

durch Therapie oder Beratung kann Ihnen dabei helfen, emotionale und mentale Herausforderungen anzugehen und zu überwinden. Ein qualifizierter Therapeut oder Berater kann Ihnen spezifische Werkzeuge und Strategien zur Bewältigung schwieriger Situationen, Stressmanagement und zur Förderung eines besseren psychischen Wohlbefindens bieten.

Beispiel: Wenn Sie das Gefühl haben, dass Sie mit emotionalen Problemen zu kämpfen haben oder sich in einer schwierigen Lebensphase befinden, erwägen Sie die Hilfe eines Fachmanns für psychische Gesundheit, um Beratung und Unterstützung zu erhalten.

4. **Dankbarkeitspraktiken:** Das Kultivieren von Dankbarkeit ist eine kraftvolle Möglichkeit, unsere Perspektive zu verändern und uns auf das Positive in unserem Leben zu konzentrieren. Sich Zeit zu nehmen, um über die Dinge nachzudenken, für die wir dankbar sind, hilft uns, das zu schätzen, was wir haben, und eine positivere Einstellung zu entwickeln. Sie können ein Dankbarkeitstagebuch führen, indem Sie jeden Tag einige Dinge aufschreiben, für die Sie dankbar sind, oder einfach täglich eine Pause einlegen, um über das Positive in Ihrem Leben nachzudenken.

Beispiel: Bevor Sie schlafen gehen, notieren Sie in Ihrem Tagebuch drei Dinge, für die Sie an diesem Tag dankbar sind, sei es kleine Momente der Freude, persönliche Erfolge oder bedeutsame Beziehungen in Ihrem Leben.

Denken Sie daran, dass dies nur einige der vielen verfügbaren Techniken sind, um ganzheitliches Wohlbefinden zu fördern. Erforschen Sie verschiedene Praktiken und finden Sie diejenigen, die am besten zu Ihren Bedürfnissen und Vorlieben passen. Der Schlüssel liegt darin, Zeit und Mühe darauf zu verwenden, für sich selbst zu sorgen und alle Bereiche Ihres Lebens zu pflegen. Indem Sie dies tun, stärken Sie Ihre Fähigkeit, Herausforderungen zu meistern, ein erfüllteres Leben zu führen und anhaltendes Wohlbefinden zu kultivieren.

Gönnen Sie sich das Geschenk, in Ihr ganzheitliches

Wohlbefinden zu investieren und ein gesünderes und erfüllteres Leben zu genießen. Sie verdienen es, sich wohl mit sich selbst zu fühlen und ein Leben voller Bedeutung und Glück zu leben!

11. EIN ERFÜLLTES LEBEN OHNE SUCHT ZU LEBEN

11.1 EIN ERFÜLLTES LEBEN JENSEITS DER PORNO-SUCHT AUFBAUEN

Dieses Kapitel lädt uns ein, groß zu träumen, unser unbegrenztes Potenzial zu entdecken und eine außergewöhnliche Realität zu schaffen. Indem wir diese Sucht überwinden, befreien wir uns von den Ketten, die uns eingeschränkt haben, und eröffnen uns eine Vielzahl von Möglichkeiten und Chancen, um ein wirklich bedeutungsvolles Leben aufzubauen.

Stell dir für einen Moment vor, wie es wäre, ein Leben zu führen, in dem du dich tief erfüllt und zufrieden fühlst. Ein Leben, in dem du jeden Tag mit Begeisterung aufwachst, in dem du weißt, dass du die Kraft hast, deine Träume zu verwirklichen. Ein Leben, in dem du von Menschen umgeben bist, die dich unterstützen, inspirieren und ermutigen, zu wachsen. Ein Leben, in dem du dich mit deinem Zweck, deinen Werten und deinen authentischsten Leidenschaften verbunden fühlst.

Um dieses erfüllte Leben zu erreichen, ist es entscheidend, dass du dich auf einen Prozess der Selbstexploration und persönlichen Entwicklung einlässt. Es ist Zeit, nach innen zu schauen und herauszufinden, wer du wirklich bist, was deine Talente, Gaben und Stärken sind. Erlaube dir, deine Interessen, Leidenschaften und ambitionierten Ziele zu erkunden. Trau dich, groß zu träumen und deine Träume mit Entschlossenheit und Mut zu verfolgen.

Hab keine Angst davor, herausfordernde und bedeutsame Ziele zu setzen. Erlaube dir zu wachsen und deine Grenzen zu erweitern. Denke daran, dass der Weg zu einem erfüllten Leben Höhen und Tiefen hat, aber jedes Hindernis, dem du begegnest, wird eine Gelegenheit sein, zu wachsen, zu lernen und dich zu stärken. Bewahre Ausdauer und Selbstvertrauen und lass dich von den Herausforderungen, die dir auf dem Weg begegnen könnten, nicht entmutigen.

Auf dieser Reise zu einem erfüllten Leben ist es entscheidend, sich von Menschen umgeben, die dich unterstützen und vorantreiben. Suche nach Reisegefährten, Mentoren und Führern, die deine Werte teilen und dich dazu inspirieren, die beste Version von dir selbst zu sein. Teile deine Träume mit ihnen, bitte um Rat und Unterstützung, wenn du sie brauchst, und feiere gemeinsam deine Erfolge. Die Energie und Liebe, die aus diesen Beziehungen fließen, werden dir Kraft und Motivation geben, auch in den schwierigsten Momenten voranzukommen.

Neben der Pflege gesunder Beziehungen ist es entscheidend, auf deine körperliche, mentale und emotionale Gesundheit zu achten. Nimm dir Zeit für Selbstfürsorge und ganzheitliches Wohlbefinden. Schaffe eine Routine, die Aktivitäten umfasst, die dich nähren und dich gut fühlen lassen, wie körperliche Bewegung, Meditation, Zeit in der Natur, inspirierendes Lesen, Schreiben oder jede andere Aktivität, die dir Frieden und Freude bringt. Denke daran, dass du, indem du dich um dich selbst kümmerst, in optimaler Verfassung sein wirst, um den Herausforderungen zu begegnen und die Momente des Glücks in vollen Zügen zu genießen.

Auf diesem Weg zu einem erfüllten Leben wird es immer Hindernisse und Herausforderungen geben. Du könntest Versuchungen begegnen, die dich an deinem Weg zweifeln lassen und deine Entschlossenheit auf die Probe stellen. Gerade in diesen Momenten solltest du dich an deinen Zweck, deine Werte und deinen Wunsch erinnern, ein Leben frei von Sucht zu führen. Nutze effektive Strategien, um mit diesen Versuchungen umzugehen, wie das Erkennen von Auslösern, das Festlegen eines alternativen Aktionsplans, die Suche nach Unterstützung in schwierigen Zeiten und das Erinnern an die Vorteile, die du erlangen wirst, wenn du dich für ein erfülltes Leben ohne Sucht engagierst.

Vergiss nicht, dass jeder Schritt, den du auf diesem Weg machst, ein bedeutender Erfolg ist. Jeder Tag, an dem du deinem Engagement für ein erfülltes Leben treu bleibst, ist ein Sieg. Feiere jeden Fortschritt, so klein er auch sein mag, und erinnere dich immer daran, warum du dich dazu entschieden hast, diese Transformationsreise anzutreten.

Vertraue dir selbst und deiner Fähigkeit, jedes Hindernis auf deinem Weg zu überwinden. Du bist stärker, als du denkst, und du hast die Macht, ein außergewöhnliches Leben zu erschaffen. Erlaube dir, in Fülle zu leben, ohne Einschränkungen oder Sucht, die dich zurückhalten. Die Welt wartet darauf, dass du dein wahres Potenzial entfaltest und mit deinen einzigartigen Gaben einen Beitrag leistest.

Denke daran, dass ein erfülltes Leben ohne Sucht nicht nur ein Ziel ist, sondern auch eine Lebensweise. Es ist ein Versprechen an dich selbst, die beste Version von dir selbst in jedem Aspekt deines Lebens zu sein. Auf geht's, tapferer Krieger! Der Weg zur Fülle wartet auf dich, und du hast alles, was du brauchst, um ihn erfolgreich zu beschreiten und ein Leben voller Zufriedenheit, Glück und Zweck zu leben.

11.2 ERFORSCHUNG DER PERSÖNLICHEN ENTWICKLUNG, ZIELE UND ZWECKE

In diesem Kapitel tauchen wir ein in die spannende Erforschung der persönlichen Entwicklung, der Festlegung von Zielen und der Suche nach dem Lebenszweck. Diese drei Grundpfeiler sind entscheidend, um ein erfülltes, bedeutungsvolles Leben ohne Sucht zu führen. Lass mich jeden dieser Aspekte genauer betrachten und dir eine umfassende und bereichernde Perspektive bieten.

Die persönliche Entwicklung ist eine wunderbare und fortlaufende Reise der Selbstentdeckung und des Wachstums. Sie erfordert Zeit und Anstrengung, um sich selbst zu bereichern, Wissen, Fähigkeiten und Erfahrungen zu erweitern. Wenn du dich auf dieses Abenteuer einlässt, begibst du dich auf eine innere Transformationsreise, die es dir ermöglicht, dein volles Potenzial zu entfalten. Die persönliche Entwicklung umfasst verschiedene Bereiche wie emotionale, intellektuelle, physische und spirituelle Entwicklung. Es ist ein Prozess, der es dir ermöglicht, dich selbst in der Tiefe kennenzulernen, deine Stärken und Schwächen zu verstehen und daran zu arbeiten, die beste Version deiner selbst zu werden. Während du dich auf deine persönliche Entwicklung konzentrierst, öffnest du dich neuen Perspektiven, stellst dich selbst heraus und wächst in allen Bereichen deines Lebens. Denke daran, dass persönliches Wachstum eine fortlaufende und aufregende Reise ist, die niemals endet. Genieße also jeden Schritt auf diesem Weg der Selbstentdeckung!

Das Festlegen von Zielen ist ein mächtiges Werkzeug, das dir ermöglicht, deinem Leben Richtung und Zweck zu geben. Ziele sind wie Kompassnadeln, die dich zu deinen tiefsten Träumen und Bestrebungen führen. Indem du klare und spezifische Ziele festlegst, schaffst du eine Karte, die dir den Weg zu deinem Erfolg und Wohlbefinden zeigt. Es ist wichtig, dass deine

Ziele herausfordernd, aber erreichbar sind, denn das hält dich motiviert und fokussiert auf deinem Weg. Es ist auch hilfreich, deine Ziele in kleinere und erreichbare Teilziele aufzuteilen, die du schrittweise erreichen kannst. Zum Beispiel, wenn dein Endziel darin besteht, dein eigenes Unternehmen zu gründen, könntest du kurzfristige Ziele wie Marktforschung betreiben, einen Geschäftsplan erstellen und die erforderlichen Fähigkeiten erwerben. Indem du diese kleineren Ziele erreichst, kommst du deinem endgültigen Ziel immer näher, was dir ein Gefühl von Erfolg und Zufriedenheit vermittelt.

Die Suche nach dem Lebenszweck ist ein wesentlicher Aspekt des Lebens. Wir alle wünschen uns einen Zweck, der uns mit Bedeutung erfüllt und uns jeden Morgen mit Begeisterung aufstehen lässt. Der Lebenszweck ist jene tiefe innere Motivation, die uns antreibt, das zu tun, was wir tun, und nach unseren tiefsten Werten zu leben. Es ist der interne Kompass, der uns bei Entscheidungen leitet und uns inspiriert, eine positive Wirkung auf unsere Umgebung zu haben. Den eigenen Lebenszweck zu finden bedeutet, seine Leidenschaften, Werte und einzigartigen Stärken zu erkunden. Es kann mit der Berufung, den persönlichen Beziehungen, dem Beitrag zur Gesellschaft oder einem anderen Bereich verbunden sein, der in deinem Innersten mitschwingt. Zum Beispiel könnte dein Lebenszweck darin bestehen, anderen zu helfen, ein Agent des Wandels in deiner Gemeinschaft zu sein, durch Kreativität zu inspirieren oder soziale Gerechtigkeit zu fördern. Die Ausrichtung auf deinen Lebenszweck gibt dir ein Gefühl von Ausrichtung und Erfüllung und motiviert dich, ein authentisches und bedeutungsvolles Leben zu führen.

Denke daran, dass persönliche Entwicklung, Festlegung von Zielen und Suche nach dem Lebenszweck keine isolierten Prozesse sind, sondern miteinander verflochten sind. Wenn du dich auf deine persönliche Entwicklung begibst, kannst du neue Leidenschaften und Zwecke entdecken, die dich motivieren, Ziele zu setzen, die im Einklang mit deinem wahren Wesen sind. Ebenso herausfordernd wie bedeutungsvolle Ziele zu setzen und mit Entschlossenheit zu verfolgen, wirst du dich selbst herausfordern und dich neuen Möglichkeiten des persönlichen Wachstums öffnen. Und wenn du deinen Lebenszweck findest und ihm folgst, wirst du in allen Bereichen deines Lebens ein tiefes Gefühl von Zufriedenheit und Erfüllung erleben.

Denke daran, dass der Weg zu einem erfüllten Leben ohne Sucht Herausforderungen und Hindernisse mit sich bringen kann, aber jeder Schritt in diese Richtung zählt. Vertraue dir selbst, halte deine Motivation hoch und erinnere dich daran, dass du die Kraft hast, das Leben zu erschaffen, das du dir wünschst. Setze weiterhin auf deine persönliche Entwicklung, setze herausfordernde Ziele und verbinde dich mit deinem tiefsten Lebenszweck. Auf diesem Weg wirst du eine kraftvolle und nachhaltige Transformation in deinem Leben erleben. Denke immer daran, dass du in der Lage bist, Großes zu erreichen, und dass du es verdienst, ein erfülltes, bedeutungsvolles Leben ohne Sucht zu führen!

11.3 FÖRDERN VON AUTHENTIZITÄT, PERSÖNLICHER ZUFRIEDENHEIT UND DAUERHAFTEM GLÜCK

Im Zusammenhang mit der Pornographiesucht gewinnt die Förderung von Authentizität, persönlicher Zufriedenheit und dauerhaftem Glück eine entscheidende Bedeutung im Genesungsprozess. Die Sucht kann in unserem Leben Spuren hinterlassen haben, die unsere Wahrnehmung von uns selbst und unsere Beziehungen zu anderen beeinflussen. Indem wir uns jedoch der persönlichen Transformation und ganzheitlichen Wohlbefinden verpflichten, können wir ein erfülltes und bedeutungsvolles Leben wieder aufbauen.

Authentizität ist ein wesentliches Element in diesem Prozess. Sie lädt uns ein, unsere wahre Identität zu erforschen, uns mit unseren tiefsten Emotionen und Bedürfnissen zu verbinden und im Einklang mit unseren Werten und Überzeugungen zu leben. Indem wir unsere Authentizität umarmen, befreien wir uns von Masken und externen Erwartungen und erlauben uns, wirklich wir selbst zu sein. Das bedeutet, unsere Stärken und Schwächen anzunehmen und eine Beziehung der Liebe und des Respekts zu uns selbst zu pflegen.

Persönliche Zufriedenheit ist ein weiteres zentrales Fundament auf dem Weg zu einem erfüllten Leben frei von Sucht. Oftmals führt uns die Pornographiesucht dazu, nach sofortigem und oberflächlichem Vergnügen zu suchen, was uns unzufrieden und von unseren tieferen Bedürfnissen entfremdet. Indem wir uns unserem persönlichen Wachstum und unserem Wohlbefinden verpflichten, können wir bedeutungsvolle und herausfordernde Ziele setzen, die uns dazu antreiben, zu wachsen und unser Potenzial zu entfalten. Diese Ziele können mit beruflicher Entwicklung, emotionaler Reifung, körperlicher Gesundheit oder anderen Bereichen zusammenhängen, die es uns ermöglichen, ein erfüllteres und zufriedeneres Leben anzustreben.

Beim Setzen von Zielen ist es wichtig, sich daran zu erinnern, dass der Prozess genauso wertvoll ist wie das Ergebnis. Das Feiern jedes Erfolgs, egal wie klein er sein mag, hilft uns, die Motivation aufrechtzuerhalten und eine Mentalität der Dankbarkeit und Wertschätzung für unseren Fortschritt aufzubauen. Darüber hinaus gibt uns die Ausrichtung auf unsere tiefsten Zwecke eine Richtung und Bedeutung im Leben. Wir können uns fragen: Welche Werte möchte ich im Alltag leben? Wie kann ich zum Wohlergehen anderer und zur Welt um mich herum beitragen? Indem wir diese Fragen beantworten, finden wir einen inneren Kompass, der uns zu einem Leben mit Sinn und Erfüllung führt.

Im Genesungsprozess ist es auch entscheidend, dauerhaftes Glück zu kultivieren. Dies bedeutet, nach Quellen der Zufriedenheit und Freude zu suchen, die über flüchtige und oberflächliche Vergnügen hinausgehen. Wir können Praktiken wie Meditation, Achtsamkeit und Dankbarkeit erkunden, die uns helfen, den gegenwärtigen Moment zu erleben und Freude an den kleinen Dingen des Lebens zu finden. Ebenso trägt die Investition in unsere persönlichen Beziehungen und das Kultivieren authentischer und bedeutungsvoller Verbindungen zu einem Gefühl der Zugehörigkeit und emotionalen Unterstützung bei, was zu unserem Glück und allgemeinen Wohlbefinden beiträgt.

Ein Beispiel für die Förderung dauerhaften Glücks könnte die regelmäßige Praxis von Aktivitäten sein, die uns auf physischer, mentaler und emotionaler Ebene nähren. Zum Beispiel hilft es uns, Zeit für körperliche Bewegung zu widmen, sei es durch Aktivitäten im Freien, Sport oder den Besuch von Yoga-Kursen. Dies hilft uns, fit zu bleiben und Endorphine freizusetzen, was unser körperliches und emotionales Wohlbefinden fördert. Darüber hinaus bietet uns das Kultivieren unserer Interessen und Leidenschaften, sei es durch Lesen, Schreiben, Musik oder Kunst, eine konstante Quelle der Freude und persönlichen Zufriedenheit.

Zusammenfassend lässt sich sagen, dass die Förderung von

Authentizität, persönlicher Zufriedenheit und dauerhaftem Glück ein entscheidender Aspekt auf dem Weg zur Überwindung der Pornosucht ist. Indem wir unsere authentische Identität umarmen, bedeutungsvolle Ziele setzen und unser Glück von innen heraus pflegen, befreien wir uns von der Macht der Sucht und öffnen uns für ein erfülltes Leben voller Sinn, Bedeutung und Freude. Denke daran, dass du fähig bist, ein außergewöhnliches Leben voller Liebe, Verbindung und persönlicher Erfüllung zu führen. Mach dich auf diese Reise zur Freiheit und entdecke die Größe, die in dir steckt!

FAZIT

Im Laufe dieses Buches hast du eine persönliche Transformationsreise angetreten, um die Pornographiesucht zu überwinden und ein erfülltes, ungebundenes Leben zu finden. Du hast eine unerschütterliche Tapferkeit und Entschlossenheit gezeigt, indem du dich dieser Sucht gestellt und nach einem besseren Leben gesucht hast. Ich möchte deine innere Stärke hervorheben und dich daran erinnern, dass du ein außergewöhnlicher Mann bist, der in der Lage ist, jede Hürde auf seinem Weg zu überwinden.

Während dieser Reise hast du entdeckt, dass die Pornographiesucht nicht definiert, wer du als Mann bist. Du bist viel mehr als deine Kämpfe und Fehler. Du bist ein Mensch mit einer großen Fähigkeit zu wachsen, zu heilen und dich zu transformieren. Du hast gelernt, über die Sucht hinauszublicken und ein bedeutungsvolles Leben aufzubauen, das auf Authentizität, persönlicher Zufriedenheit und dauerhaftem Glück basiert.

Denke daran, dass die Genesung ein fortlaufender Prozess ist, der Engagement und ständige Anstrengung erfordert. Es wird Momente der Versuchung und Herausforderungen geben, aber vertraue auf deine Fähigkeiten und die Stärke, die du bisher gezeigt hast. Jeder kleine Schritt, den du nach vorne machst, ist ein Sieg und verdient gefeiert zu werden.

Am Ende dieses Buches möchte ich, dass du stolz auf dich selbst bist, weil du die Entscheidung getroffen hast, deine Sucht anzugehen und ein erfülltes, ungebundenes Leben anzustreben. Du hast bewiesen, dass du ein mutiger Mann bist, bereit, deine inneren Dämonen zu konfrontieren und eine andere Realität aufzubauen.

Erinnere dich daran, dass dein Leben einen Zweck und eine

Bedeutung jenseits der Sucht hat. Indem du deine persönliche Entwicklung pflegst, klare Ziele und Absichten setzt und in allen Bereichen deines Lebens Authentizität förderst, legst du den Grundstein für ein erfülltes und zufriedenes Leben.

Lass dich nicht von den Herausforderungen entmutigen, die auf deinem Weg auftreten können. Jedes Hindernis ist eine Gelegenheit, zu wachsen und dich zu stärken. Erlaube mir, dich daran zu erinnern, dass du in der Lage bist, jede Widrigkeit zu überwinden und dass du es verdienst, ein Leben voller Freude, Liebe und Erfüllung zu leben.

Fahre damit fort, auf deine körperliche, mentale und emotionale Gesundheit zu achten, und nutze die Werkzeuge und Techniken, die du in diesem Buch gelernt hast, um auf dem Weg der Genesung zu bleiben. Erinnere dich daran, dass du ein mächtiger Mann bist, der in der Lage ist, ein erfülltes Leben ohne Sucht zu leben.

Möge dieses Buch der Ausgangspunkt für eine neue Etappe in deinem Leben sein! Vertraue auf dich selbst und deine Fähigkeit, das zu erreichen, was du dir vornimmst. Du bist ein Mann, der dazu bestimmt ist, Großes zu erreichen und ein außergewöhnliches Leben zu führen. Gehe mit Entschlossenheit und Überzeugung den Weg zu dem erfüllten Leben ohne Sucht, das du verdienst!

Auf deiner Reise, die Pornographiesucht zu überwinden, hast du Höhen und Tiefen, Momente des Zweifels und Momente des Triumphs erlebt. Jeder Schritt, den du in Richtung Genesung gegangen bist, war eine Demonstration deiner Stärke und Widerstandsfähigkeit. Während du dem Ende dieses Buches näherkommst, möchte ich dich daran erinnern, dass dies nur der Anfang deiner Reise zu einem erfüllten und zufriedenen Leben ist.

Denke daran, dass die Überwindung einer Sucht kein linearer Prozess ist. Es wird Momente geben, in denen du versucht sein könntest, in alte Muster zurückzufallen, Momente, in denen du unerwarteten Herausforderungen gegenüberstehst, und Momente, in denen du dich fragst, ob es sich lohnt, weiterzumachen. In diesen Momenten ermutige ich dich, deine anfängliche Motivation in Erinnerung zu rufen und dir die Zukunft vorzustellen, die du für dich selbst wünschst.

Es ist wichtig, dass du ein starkes Unterstützungsnetzwerk um dich herum aufbaust. Suche nach Menschen, die dich inspirieren und motivieren auf deinem Weg zur Genesung. Teile deine Kämpfe und Erfolge mit ihnen und erlaube ihnen, eine konstante Unterstützung in deinem Leben zu sein. Menschliche Verbindung und emotionale Unterstützung sind entscheidend, um auf dem richtigen Weg zu bleiben.

Vergiss auch nicht, auf dich selbst in allen Aspekten achtzugeben. Nimm dir Zeit für körperliche, mentale und emotionale Selbstfürsorge. Dies kann Aktivitäten wie regelmäßige Bewegung, Meditation, Hobbys, die dich leidenschaftlich interessieren, den Besuch von Therapie- oder Beratungssitzungen und eine gesunde Ernährung umfassen. Erinnere dich daran, dass dein ganzheitliches Wohlbefinden entscheidend ist, um ein erfülltes und glückliches Leben zu führen.

Letztendlich liegt der Schlüssel dazu, ein erfülltes Leben ohne Sucht zu leben, in deiner Fähigkeit, eine positive Denkweise und einen proaktiven Ansatz zu entwickeln. Nutze jede Herausforderung als Chance, zu wachsen und zu lernen. Finde den Mut in dir, jeder Widrigkeit entgegenzutreten, die sich dir auf deinem Weg präsentiert.

Zum Schluss möchte ich dir dafür danken, dass du Zeit und Mühe in dein eigenes Wachstum und deine Genesung investiert hast. Du bist ein Beispiel für Mut und Entschlossenheit, und deine Erfahrung kann andere Männer inspirieren, die ebenfalls mit der Pornographiesucht kämpfen.

Denke daran, dass der Weg der Genesung herausfordernd sein kann, aber er ist auch belohnend und befreiend. Gib nicht auf in deiner Suche nach einem erfüllten Leben ohne Sucht. Du verdienst es, ein Leben voller Liebe, Verbindung, Zweck und dauerhaftem Glück zu leben. Vertraue auf dich selbst, halte deine Vision klar und gehe voran in eine strahlende und voller Möglichkeiten steckende Zukunft!

Möge dieses Buch der Beginn eines neuen und aufregenden Kapitels in deinem Leben sein. Vorwärts, tapferer Mann!

DANKSAGUNG

Ich möchte diesen Raum nutzen, um meinen tiefen Dank an all die Menschen und Institutionen auszudrücken, die bei der Entstehung dieses Buches und meiner eigenen Lern- und Wachstumsreise im Bereich der Bildung und Forschung zur Pornosucht eine entscheidende Rolle gespielt haben. Ohne ihre Unterstützung, Anleitung und Ermutigung wäre dieses Projekt nicht möglich gewesen.

Zuallererst möchte ich meiner Familie meinen Dank aussprechen, die immer meine bedingungslose Unterstützung war. Ihre Liebe, ihr Verständnis und ihre Geduld waren bei jedem Schritt meines Weges entscheidend. Ich danke meinen Eltern, dass sie mir solide Werte vermittelt haben und mich ermutigt haben, meinen Leidenschaften zu folgen und meine Träume zu verfolgen. Meinen Geschwistern danke ich dafür, dass sie meine Lebensgefährten sind und für ihre ständige Ermutigung.

Ich möchte auch meinen Mentoren danken, den Experten und Fachleuten, die im Laufe der Jahre ihr Wissen und ihre Erkenntnisse mit mir geteilt haben. Ihre Anleitung und Mentorenschaft waren von unschätzbarem Wert für mein persönliches und berufliches Wachstum. Ich danke ihnen für ihre Lehren und die Zeit, die sie damit verbracht haben, meine Fragen zu beantworten und mir Orientierung zu geben.

Meinen Freunden, die an meiner Seite in jeder Phase dieser Reise waren, möchte ich meinen tiefen Dank aussprechen. Ihre ermutigenden Worte, bedingungslose Unterstützung und aufrichtige Freundschaft waren ein wesentlicher Eckpfeiler in schwierigen Zeiten und bei Feiern. Danke, dass ihr an mich glaubt und Teil meines Lebens seid.

Ich darf auch nicht meine Unterstützungsgruppe vergessen, die Menschen, die ihre Geschichten, Erfahrungen und Perspektiven mit mir geteilt haben. Ihre Zeugnisse haben mein Verständnis der Pornosucht bereichert und die Entstehung dieses Buches inspiriert. Ich bin jedem Einzelnen dankbar, der in mich vertraut hat und seine Stimme geteilt hat.

Ich danke auch den Bildungseinrichtungen und Forschungsressourcen, die mir wertvolle Informationen und Werkzeuge zur Verfügung gestellt haben. Ihr Engagement für die Verbreitung von Wissen und die Förderung von Gesundheit und Wohlbefinden war entscheidend für meine Ausbildung und die Erstellung dieses Buches.

Zu guter Letzt, aber keineswegs weniger wichtig, möchte ich den Lesern dieses Buches meinen Dank aussprechen. Ihr Interesse und Engagement für ein erfülltes Leben ohne Pornosucht sind der Grund, warum ich dieses Projekt begonnen habe. Ich hoffe aufrichtig, dass Sie in diesen Seiten Inspiration, Orientierung und Unterstützung finden und ein Leben voller Authentizität, Glück und bedeutsamer Verbindungen aufbauen können.

Zusammenfassend erstreckt sich meine Dankbarkeit auf meine Familie, Mentoren, Freunde, Unterstützungsgruppe, Bildungseinrichtungen und natürlich auf die Leser. Ohne euch alle wäre dieses Buch nur Worte auf Papier. Danke, dass ihr Teil dieser Reise seid und an die Kraft der persönlichen Transformation glaubt. Gemeinsam können wir eine Zukunft aufbauen, in der die Pornosucht überwunden wird und das Leben in Authentizität, Zufriedenheit und langanhaltendem Glück gelebt wird.

Mit Dankbarkeit und Liebe,

Alexander Silva